Markus Zwerger

Opa, erzähl mir!

Aus dem Dialog zweier Generationen

Die Buchreihe Memoria mit Aufzeichnungen, Tagebüchern und Biografien aus dem 20. Jahrhundert wird über die Arbeitsgruppe *Geschichte und Region/Storia e regione* von der Stiftung Südtiroler Sparkasse unterstützt.

Memoria_Erinnerungen an das 20. Jahrhundert

Markus Zwerger

Opa, erzähl mir!
Aus dem Dialog zweier Generationen

Mit einem Vorwort von Martha Verdorfer

RÆTIA

Mit freundlicher Unterstützung der Abteilung Deutsche Kultur in der
Südtiroler Landesregierung

AUTONOME PROVINCIA
PROVINZ AUTONOMA
BOZEN DI BOLZANO
SÜDTIROL ALTO ADIGE

Deutsche Kultur

Grafisches Konzept: Dall'O & Freunde
Druckvorstufe: Typoplus
Lektorat: Katharina Preindl
Fachlektorat: Adina Guarnieri für *Geschichte und Region/Storia e regione*
Korrektorat: Helene Dorner
Projektleitung im Verlag: Felix Obermair

Gedruckt in der EU

Die Bilder stammen aus dem Fotobestand von Arthur Dalsass.
Die Kalligraphie auf Seite 1 zu einem Charakterzug Opas, der ihn ein Leben lang
(in unterschiedlicher Ausprägung) begleitete, wurde angefertigt von Peter Zwerger.

ISBN 978-88-7283-787-0
www.raetia.com

Edition Raetia
verzichtet der Umwelt zuliebe
auf die Schutzfolie aus Plastik.

MISTO
Carta da fonti gestite
in maniera responsabile
FSC
www.fsc.org FSC® C021437

Vorwort

Martha Verdorfer

Ein Großvater erzählt, ein Enkel hört zu und beginnt irgendwann, die Geschichten aufzuschreiben und sich damit auseinanderzusetzen.

Das Ergebnis ist die sensible und reflektierte Rekonstruktion eines Männerlebens in Südtirol zwischen 1928 und 2019. Ein Leben, das geprägt war von den Umständen, in die man hineingeboren wurde, aber auch von getroffenen Entscheidungen und individueller Gestaltung. Ein Leben, das ebenso bestimmt war von den Verwerfungen der Südtiroler Zeitgeschichte des letzten Jahrhunderts. Kein Ausnahmeleben, sondern eines, wie es viele gegeben hat.

Geboren als uneheliches Kind, aufgewachsen in armen Verhältnissen bei Zieheltern, mit acht Jahren im Dienst bei Bauern – eine Unterschichtskindheit, die in der ersten Hälfte des 20. Jahrhunderts nicht selten war. Kollektive Erfahrung auch der Schulunterricht in der fremden italienischen Sprache. Die Option stellte sich für den elfjährigen Buben als besonderes Drama dar. Die leibliche Mutter entschied sich für die Annahme der deutschen Staatsbürgerschaft und wollte ihren Sohn, der sie bis zu diesem Zeitpunkt gar nicht kannte, nach Innsbruck mitnehmen – was schließlich noch verhindert werden konnte. Und schließlich die Faszination für alles Deutsche, auch wenn es in Gestalt des Nationalsozialismus daherkam. Erlebnisse und Wahrnehmungsweisen, die die meisten Angehörigen dieser Generation in Südtirol prägen.

Es ist nicht so sehr der lebensgeschichtliche Verlauf, sondern vielmehr die Art und Weise der Erzählung, die das Besondere dieses Buches ausmacht.

Der junge Autor schreibt vom Glück, mit den Großeltern im gleichen Haus aufgewachsen zu sein, ihren Erzählungen aus einer anderen Zeit, ihren Wertvorstellungen, denen er oft mit Bewunderung, manchmal auch mit Unverständnis begegnet. Heimat und Familie sind zentrale Begriffe in der Auseinandersetzung mit der Geschichte des Großvaters und der eigenen Familie. Trotz dieser offen gezeigten emotionalen Nähe zum Großvater und seiner Geschichte beweist der Autor dennoch ein bemerkenswertes Gespür für die Komplexität erzählter Lebensgeschichten, die immer Rekonstruktion und Konstruktion gleichermaßen sind.

Der Dialog zwischen Großvater und Enkel präsentiert sich als Blick auf die Geschichte mit immer wieder wechselnder Perspektive: der Großvater, der mit Genugtuung und auch Stolz auf sein Leben zurückschaut, aber auch aus der Tiefe seiner Erinnerung als unehelicher Bub in armen Verhältnissen von seinen Verletzungen erzählt. Der Enkel, der zuhört, den Großvater als Vorbild sieht und ihn für seine Zähigkeit bewundert – und doch auch immer wieder einen Schritt zurücktritt und die Erzählungen reflektiert, sie mit seinem historischen Wissen und seinen eigenen Werten und Erfahrungen konfrontiert und auch darüber nachdenkt, warum der Großvater bestimmte Dinge so und nicht anders erzählt. Der alte Mann ist offenbar ein guter Erzähler, der seine Pointen zu setzen weiß und seine Zuhörer*innen gerne zum Lachen bringt.

Lebensgeschichtliche Erzählungen sind immer ein Konglomerat aus subjektiven Erlebnissen und Erfahrungen, gesellschaftlichen und kulturellen Wertvorstellungen und Deutungsmustern, in denen die Dimension der Vergangenheit mit jener der Gegenwart in einer spezifischen Weise verwoben ist. Erzählte Biografien spiegeln damit immer individuelle und kollektive Verarbeitungs- und Erinnerungsstrategien gleichzeitig wider. Ein besonders eindrückliches Beispiel gibt es dazu in diesem Dialog zwischen Großvater und Enkel.

Auf die Frage, was denn das Schlimmste gewesen sei, was ihm je widerfahren sei, lautet die Antwort des Großvaters: „Der Faschismus. Der Verlust meiner Kultur, unserer deutschen Identität." Eine

Antwort, die man in Südtirol sehr oft zu hören bekommt, wenn von dieser Zeit die Rede ist, auch wenn man sich fragen kann, was „der Verlust der Identität" für einen Buben, der 1939 gerade elf Jahre alt war, bedeutet haben könnte. Auch der Enkel ist nicht ganz zufrieden mit der Antwort.

Die Nähe, ja zärtliche Vertrautheit, die zwischen den Gesprächspartnern herrscht, ermöglicht es schließlich, auch über schwere Verletzungen zu sprechen, die verdrängt und verschüttet sind. Eine Missbrauchserfahrung, die hier vielleicht zum ersten Mal erzählt wird, kommt aus der Verdrängung und hinter dem Schleier der kollektiven Unterdrückung durch den italienischen Faschismus hervor.

An dieser Stelle drängt sich natürlich die Frage auf, wie sehr die Lebensgeschichten einer bestimmten Generation durch eine kollektive Geschichtserzählung geprägt und zum Teil auch verbogen werden. Insofern erstaunt es dann auch nicht sehr, wenn der Großvater als eine seiner schönsten Erfahrungen den Einmarsch der Nationalsozialisten in Südtirol im September 1943 anführt. Auch diesbezüglich würden ihm viele seiner Generation zugestimmt haben – und ebenso zur Aussage, dass es wieder einmal einen Krieg bräuchte. Der Enkel nimmt auch hier eine gewisse Distanz ein, die er zum einen auf sein erworbenes historisches Wissen zurückführt. Zum anderen wird der stille, aber dezidierte Einspruch des Nachbarn Leo, einige Jahre älter als Großvater Arthur, in die Erzählung eingeführt: „Nein. Nein. Einen Krieg braucht es nie mehr!" Es gibt immer mehrere Perspektiven auf die Vergangenheit.

Immer wieder taucht in diesem intergenerationellen Dialog auch die Großmutter auf, die zu bestimmten Ansichten des Großvaters durchaus andere Meinungen und Einschätzungen äußert. Dass ihre Stimme nur im Hintergrund bleibt, auch das ist Teil des kollektiven Gedächtnisses. Ein Gedächtnis, das den Erinnerungen von Männern tendenziell mehr Gewicht zuweist als jenen von Frauen, weil

Erstere ihr Leben eher an politische Ereignisse binden, oft sogar – wie in diesem Fall – es dahinter verstecken. Nicht zuletzt auch deshalb, weil die Frauen selbst ihre Erfahrungen für unwichtig halten. Es braucht mehr Enkelinnen, die die Geschichten ihrer Großmütter für wichtig genug halten, um sie aufzuschreiben.

Für dich, Opa

Prolog

Der würzige Geruch von Wurst liegt in der Luft. Auf dem Herd steht ein Topf mit Suppe, der Tisch ist für das Abendessen gedeckt: In der Mitte steht ein Teller voller Käse, auf einem zweiten Teller findet sich Aufschnitt, und Schüttelbrot ist auch zur Genüge da. Ein dampfender Topf voller Erdäpfel vervollständigt das Bild. Karin sieht nach der Suppe und stellt fest, dass auch diese bereit ist. „Essen kommen!", ruft sie, und erhält sogleich die Antwort ihres Vaters und ihrer Kinder. Diese halten sich noch im Wohnzimmer auf, wo sie zusammen fernsehen, während im Hintergrund ein beständiges „tick-tock" erklingt. Eine Wanduhr hängt vor dem Erker des Hauses, und ihr Pendel schwingt gleichmäßig hin und her. Arthur stört sich nicht an ihrem Geräusch, im Gegenteil: Diese Uhr soll nicht aufhören zu ticken, wenn er im Haus ist, und immer dann, wenn sie verstummt, heißt es sogleich: „Die Uhr isch aufzudrahnen!" Dies wird dann schnell von jemandem erledigt, sodass Arthur den wohlbekannten Ton nie missen muss. Langsam erhebt er sich also vom Sofa, geht zusammen mit den Kindern in die Küche und setzt sich an seinen Platz am Kopfende des Tisches. Karin nimmt den Suppentopf vom Herd und verteilt die Suppe gleichmäßig auf die fünf Teller. Sie stellt den Topf auf den Tisch, als die Haustür aufschwingt und ihr Ehemann Peter hereintritt. In seiner Hand hält er einen Krug voller Wein, den er gerade aus dem Keller geholt hat, und schenkt Arthur ein. „Hohoho, des woll hon i gern! Vergelt's Gott!" Er nimmt einen kräftigen Schluck und setzt das Glas vor sich ab. Peter stellt den Krug neben Arthur hin und setzt sich ebenfalls an den Tisch. Sowie nun alle sitzen, wird das Schüttelbrot herumgereicht, mit einem Löffel zerschlagen und in die Suppe gegeben. Anfangs ist alles ruhig, man hört nur, wie die Löffel auf die Teller stoßen und im Hintergrund ein dumpfes Ticken erklingt. Aber es dauert nicht lange, bis Arthur die Stille durchbricht. Dabei blickt er in seinen Teller, lächelt zufrieden und sagt: „Na isch des a guate Supp'!" „Fein, dass sie dor schmeckt, Tata!", antwortet Karin, worauf Arthur bestätigt: „Jo, gonz guat! So a guate Supp' hon i net oft ghob, und i hon schun viele Suppen gessen! Na i hon überhaup schun viele Sochen gessen, und viel erleb hon i ah!" Kopfschüttelnd formt sich langsam ein Lächeln auf seinem Mund, und plötzlich beginnt er lauthals zu lachen. „Jo, erleb hon i viel, Guates wia Schlechtes, und ba jeden Bledsinn bin i dorbeigwesen! Jetzt follt mor eppes in! Hahaha!" Amüsiert lacht Arthur vor sich hin, während seine Enkelkinder ihn verwundert ansehen und ihn drängen: „Wos isch so lustig, wos isch dor grod eingfollen? Erzehls ins bitte!" Nach einer längeren Pause, in der Arthur sich erst von seinem Lachanfall beruhigen muss, beginnt er, enthusiastisch zu erzählen. Es folgen einige Minuten gewandten Erzählens, in denen sich auf seinem Gesicht eine Vielzahl an fröhlichen Ausdrücken formt, dann ist er am Ende der Geschichte angelangt. Die Zuhörer lächeln und haben mindestens ebenso viel Freude an der Geschichte wie Arthur selbst, der noch eine Zeit lang kopfschüttelnd die Erinnerung genießt. Dann schließt er seine Erzählung mit den Worten: „Erlebt habe ich wirklich viel! Ein Leben lang gearbeitet, immer versucht, mit jedem gut auszukommen. Nach all den Jahren bin ich hier, noch immer hier, an diesem schönsten Ort. Wo könnte ich es schöner haben als hier, umgeben von Menschen, denen ich etwas bedeute, in einem Haus, welches Oma und ich allein mit harter Arbeit aufgebaut haben. Ein unvergleichlicher Reichtum, für den ich ewig dankbar sein werde. Es macht mich so unglaublich glücklich, eine Heimat wie diese zu haben!"

Es ist für mich als Enkel schön zu hören, dass der eigene Großvater, mit dem man schon seit jeher unter einem Dach wohnt, dermaßen zufrieden mit seinem Leben ist. Und ganz besonders schön ist es, dass ich an diesem Erfahrungsreichtum, den er in über neunzig

Jahren auf dieser Erde gesammelt hat, teilhaben darf. Das ist ein Privileg ohnegleichen, weshalb in mir im Laufe der Jahre der Wunsch herangereift ist, all seine Geschichten zu hören und sie festzuhalten, damit nicht nur ich mich daran erfreuen kann und davon bereichert werde, sondern ebenso all jene, die gleichermaßen zu schätzen wissen, was das Leben einen Menschen im Laufe der Zeit alles lehren kann.

Aus diesem Grund habe ich beschlossen, diese Biografie zu verfassen, und Momente wie dieser, in denen Opa Arthur auf solch ergreifende Art von Zufriedenheit durchströmt ist, bieten sich bestens dafür an, Fragen zu stellen. Um sein Leben besser verstehen zu können. Und um mein Leben besser angehen zu können.

Während er also dankbar auf alle blickt, die an diesem Tisch sitzen, drängt sich mir eine Frage auf: „Du sprichst immer von Heimat, was genau verstehst du aber darunter? Was bedeutet Heimat für dich?" Einige Augenblicke vergehen, Arthur denkt über die Frage nach. Kurz darauf hat er eine Antwort parat: „Über Heimat könnte ich dir viel erzählen – überhaupt könnte ich mit meinen Erlebnissen ein ganzes Buch füllen. Ich hatte als Kind nämlich keine richtige Heimat. Die wäre bei meiner leiblichen Mutter gewesen, allerdings hat sie mich nach zehn Tagen weggegeben, losgelassen, verschenkt. Deshalb ist Heimat für mich der Platz, an dem meine Familie ist, gleichwohl aber ein Ort, an dem ich mich wohlfühle, sowie ein Gefühl, das meine Erinnerungen beherbergt."

Dass mein Opa, Jahrgang 1928, in seinem Südtiroler Dialekt so differenziert von Heimat gesprochen hat, stimmt wohl nicht ganz, doch aus den Gesprächen, die ich in all den Jahren mit ihm führen durfte, habe ich diese drei Arten von Heimat herausgehört. Das bezieht sich auf das gesamte Buch: Es ist das Produkt aus fast zwei Jahrzehnten an Gesprächen mit ihm und folglich keine bloße Momentaufnahme seiner Erzählungen, sondern meine Interpretation seiner Geschichte, die er mir in Etappen über Jahre immer wieder aufs Neue erzählt hat, weshalb sie sich in mein Gedächtnis gebrannt hat – nicht nur die Geschichte selbst, sondern auch Opas Betonung, seine Gestik und Mimik sowie seine Schilderung der Tatsachen. Meine Perspektive auf seine Geschichte enthält auch meine eigenen Interpretationen, weil jeder, der einer Geschichte lauscht, sie auf seine eigene Art versteht. Zudem bin ich davon überzeugt, dass Opa seine Geschichte so erzählt hätte, wie sie in diesem Buch nachzulesen ist. Zumindest wenn er die Möglichkeit gehabt hätte, sie in Worte zu fassen, die in ihrer Bedeutung seinen Erlebnissen ansatzweise entsprechen. Vielleicht täusche ich mich auch; jedenfalls bin ich überzeugt, dass der Arthur, den ich kannte, so oder ähnlich gesprochen hätte.

Opas Auffassung von Heimat – als Ort, als Gefühl und als Mensch – prägte ihn und unsere ganze Familie. Die Abgrenzungen zueinander sind jedoch nicht strikt, eine Form der Heimat geht fließend in die nächste über, man kann sie nicht voneinander abtrennen. Denn Heimat ist so viel mehr als nur ein Wort – und manchmal kann ein kleiner Teil von ihr zwischen zwei Buchdeckeln aufbewahrt werden.

Familie

„Ich bin unendlich dankbar dafür,
dass ihr, meine Familie, euch alle so
gut versteht und mich gernhabt!"

Opa mit seinen Enkeln Ivan und Arno in Kanada, 1995

„Arthur". Wie kaum ein anderer Name bedeutet er Stärke, Zähheit und Festigkeit: Er ist keltischen Ursprungs, eine wörtliche Übersetzung lautet „der Bärenstarke". Der Bär ist auch jenes Tier, das mein Opa, Arthur Dalsass, am ehesten verkörpert. Opas Entschlossenheit und Widerstandsfähigkeit, einhergehend mit der Zärtlichkeit, mit der er seine Nachfahren stets gehütet hat, machen ihn zu dem, der er an diesem 3. Juli 2018 ist: ein stolzer, zufriedener Mann. Keineswegs hochnäsig, obwohl er wie kaum ein anderer Schwierigkeiten durchgestanden hat, auf die er überaus stolz sein könnte. Stolz ist er auf einige Dinge dennoch ganz besonders: „Das größte Glück, das mir zuteilgeworden ist, ist meine Familie. Als ich in diese Welt gekommen bin, war das nicht zu erwarten. Eine eigene Familie oder ein glückliches Dasein hätte mir damals wohl niemand prophezeit. Ich bin nämlich schon bei meiner Geburt mit einem gewaltigen Gewicht beladen worden – wegen meiner Geburt und ihren Umständen. Aber meine Zukunft habe ich zu beeinflussen verstanden. Sodass ich heute mit euch allen feiern kann! Das erfüllt mich zutiefst. Vor allem wenn ich bedenke, dass eure Oma Rosa und ich das alles alleine aufgebaut haben! Oder wenn ich an all die Herausforderungen denke, vor die das Leben mich gestellt hat. Ich kann es kaum glauben …"

Opa schüttelt immer wieder ungläubig den Kopf. Seine Geschichte beeindruckt ihn gewissermaßen selbst. Zuhörer begeistert sie meist genauso. Mir gehen seine Geschichten so nahe und ich durfte ihnen bisher so oft lauschen, dass ich sie fast mitsprechen kann. Ich habe das Glück, im selben Haus wie Opa zu wohnen; die täglichen Gespräche weckten in mir das Bedürfnis, seine Geschichte auf Papier zu bannen, damit sie nicht dem Vergessen anheimfällt.

„Als ich zehn Jahre alt war, sah ich meine leibliche Mutter zum ersten Mal, meinen leiblichen Vater habe ich nie kennengelernt. Deshalb wollte ich eine eigene Familie gründen. Das ist mir – uns – ziemlich gut gelungen, wenn auch nicht immer alles reibungslos gelaufen ist. Ja, für seine Familie empfindet man große Liebe – so wahrhaftig diese Liebe ist, so tief kann sie einen auch verwunden. Zu dieser schmerzlichen Einsicht führte uns unsere geliebte Rosmarie, die uns nach zwanzig Monaten bereits verlassen musste. So ist das Leben nun mal. Wer sich damit abfindet, der kann ein gutes Leben führen. Wer sich der Liebe trotzdem nicht verschließt, der kann Zufriedenheit erlangen."

Kennt man Opas Erzählungen aus seinem Leben, kann man wahrscheinlich nachvollziehen, dass er stolz ist. Diesen Stolz, verbunden mit berührender Dankbarkeit, zeigt er oft und gerade an diesem Tag. Der Stolz beflügelt ihn regelrecht. Es ist nämlich sein neunzigster Geburtstag. Gefeiert von seinen achtundzwanzig engsten Familienmitgliedern (die Feier mit den hundert Bekannten folgt eine Woche darauf) flackert die Jugend erneut in ihm auf: Voller Frohsinn erzählt er Etappen seiner Lebensgeschichte, voller Erfüllung betrachtet er sein Werk. Zusammen mit seiner verstorbenen Ehefrau hat er den Grundstein für eine Großfamilie gelegt, von der er als Kind nur träumen durfte. Großfamilie? Er träumte damals nicht von einer Großfamilie, sondern von einer einfachen Familie, in deren Geborgenheit er Teil der Gesellschaft gewesen wäre. Doch dieser Wunsch blieb ihm verwehrt. Und so schuf er seine eigene Familie. Anfangs wohl unsicher, wie er diese Aufgabe angehen sollte, aber sehr wahrscheinlich bedenkenlos, weil er schon immer ein Mann der Tat und nicht des Zweifels war. Die Aufgabe „Familienvater" bewältigte er bravourös. Als Autodidakt lehrte er seine Nachkommen das Wichtigste in einer Familie: Zusammenhalt.

„Es lässt meine Brust anschwellen, wenn ich euch alle beobachte und sehe, wie fest ihr zusammenhaltet. Und davon bin ich der Ursprung. Es überwältigt mich immer wieder!"

Nach dem Essen erhebt meine Schwester Martina ihre Stimme, um Opa laut und vor allen ein selbst verfasstes Gedicht vorzutragen.

Vor neunzig Jahren war von uns noch niemand da,
als etwas ganz Besonderes geschah:
Der kleine Arthur erblickte das Licht der Welt,
mit fünf Kilo Gewicht, aber ganz ohne Geld.

Man meint, ohne Geld kommt man nicht weit,
doch nach zehn Tagen war es dann Zeit,
Deutschnofen war dein nächstes Ziel,
mit dem Briefträger war das ein Kinderspiel.

Beim Bauer hütetest du Schaf und Kuh,
in der Schule sah man dich auch ab und zu,
fleißig warst du – vor allem beim Raufen,
konntest dir als Beschützer der Reichen neue Hosenträger
*   kaufen.*

Als Strafe neben Mädchen zu sitzen war ganz nach deinem
*   Sinn,*
„Die wissen ja, dass ich der ‚Kittelschmecker‘ bin“,
doch angetan hat's dir ganz besonders eine –
Rosa hieß sie, und wurde die Deine.

Der Hochzeitstag kam – doch der Blinddarm plagt,
geheiratet wird dann wohl an einem anderen Tag.
Schließlich war auch das vollbracht,
und endlich kam die Hochzeitsnacht.

Schlecht wart ihr nicht darin,
Cristina, Martin, Patrizia, Karin
gingen hervor und wuchsen heran,
ein Ergebnis, welches sich sehen lassen kann!

Mit dem Lastwagen besuchtest du Land und Leute,
und das wissen wir alle heute:
Sie lernten dich als Arthur kennen,
doch du wolltest, dass sie dich „Zigeuner" nennen.

Ans Meer, in die Berge und auch nach Amerika rüber,
die Jahre kamen und gingen schnell vorüber,
Enkelkinder und Urenkel kamen in das Lande,
heute sind wir eine ganz schön große Bande!

Wir sind alle zusammengekommen, um dir zu sagen:
Hoch sollst du leben, und dass wir dich gernhaben!
Neunzig Jahre: Humor, Gesundheit und ganz viel Schneid –
das wünschen wir dir auch für die restliche Zeit!

Opa lächelt. Während Martina spricht, zieht sein Leben nochmals an ihm vorbei: all das Erlebte, Durchlebte, Überlebte und all das Erfahrene, Durchlittene, ihm Anvertraute.

„Bevor die meisten von euch überhaupt geboren werden konnten, mussten Rosa und ich erst einmal für Zuwachs sorgen. Das taten wir – fünf Kinder wurden uns geboren! Und ehe wir's uns versahen, sorgten unsere Kinder bereits für weitere Kinder. Unsere Enkel wurden nach und nach geboren. Vor allem Patrizia sorgte dafür, dass meine Nachkommen die Welt besiedelten. Sie zog nach Kanada, wo ich sie, ihren Ehemann und meine beiden Enkel mehrmals besuchte. Waren das schöne Aufenthalte! Die Leute waren stets freundlich, niemand hatte es eilig und ich wäre gern geblieben."

Meine Cousins Ivan und Arno erinnern sich ebenso gern an diese Zeit zurück, die sie mit unserem geliebten Opa verbringen durften:

Eine innige Erinnerung an Opa geht in die Zeit zurück, als wir noch sehr jung waren und in Kanada lebten. Es war Sommer und er und Oma, zusammen mit unserer Tante, unserem Onkel und unseren

Cousins, kamen zu Besuch. Während dieser Zeit übernachteten wir einige Male im Haus, wo sich alle aufhielten. In einer dieser Nächte entschlossen unsere Cousins und wir beide uns dazu, ihm einen Streich zu spielen, nachdem ein Film uns diese Flause in den Kopf gesetzt hatte.

Wir planten, in sein Zimmer zu schleichen, wo er gerade schlief, und etwas Zahnpasta auf seine Hand zu geben. Sowie das erledigt war, benutzten wir eine Feder, um ihn im Gesicht zu kitzeln, in der Hoffnung, er würde sich dadurch die Zahnpasta im Gesicht verstreichen. Der Streich war ein voller Erfolg, aber Opa wachte auf und stieß einen sehr lauten Schrei aus.

Wir erschraken allesamt, rannten die Stiegen hinauf in unser Zimmer und schlossen unverzüglich die Tür – leider hatte diese kein Schloss. Deshalb verstreuten wir als Sicherheitsvorkehrung all unsere kleinen und spitzen Legosteine auf dem Fußboden vor der Tür. Wir dachten, dass dies eine gute Falle sei und uns hören lassen würde, falls jemand ins Zimmer kommen wollte, um sich zu revanchieren.

Ich glaube nicht, dass wir in dieser Nacht viel schliefen, und wir fürchteten den Morgen, an dem wir Verantwortung für unsere nächtlichen Aktivitäten übernehmen müssten. Heute zurückblickend war das eine wunderbare Zeit.

Auch die Enkel Nadia und Daniel erinnern sich liebend gern an das Leben mit Opa zurück:

Der Opa war immer für uns Kinder da. In unserer Kindheit waren mein Bruder Daniel und ich mit Mutter fast täglich bei Oma und Opa. Wir verbrachten unsere Nachmittage und unsere Sommerferien größtenteils bei ihnen. Die Sommerferien, wenn auch unsere Cousins David und Andrea den Urlaub bei den Großeltern verbrachten, waren immer besonders schön.

Opa war auch derjenige, der uns alles, aber wirklich alles, erlaubte. Mochten wir ein Eis haben? Einfach Opa fragen, der erlaubte es uns immer und wir durften in die Bar gehen, um uns eines auszusuchen.

Wollten wir fernsehen? Einfach Opa fragen. Wenn Mutter auch Nein sagte, Opa sagte immer: „Do schofft der Opa", und der Fernsehapparat war an. Daniel glaubte immer, dass Opa überhaupt nicht Nein sagen könne, dass es dieses Wort in seinem Wortschatz nicht gäbe.

Opa nahm uns auch in seinem Lkw mit oder führte uns in seinen Keller. Dieser war voll von den verschiedensten Kuhglocken, ausgestopften Tieren und anderen Kuriositäten. Zu allen Gegenständen wusste Opa eine Geschichte, die er uns Enkeln erzählte. Opa erzählte viel, meist von den vielen Streichen, die er seinen Mitmenschen spielte. In späteren Jahren durften wir in seinem Keller Partys schmeißen und er kam fast immer dazu, um ein wenig mitzufeiern. Opa und sein Keller waren eine kleine Berühmtheit.

Unsere schönste Erinnerung an Opa und Oma sind jedoch die Sommerabende. Sehr oft haben wir alle zusammen bei ihnen zu Hause zu Abend gegessen. Es war immer ein Wettkampf, wer von uns Kindern in den Keller durfte, um den Weinkrug nachzufüllen. Nach dem Essen unterhielten sich die Erwachsenen und wir Kinder gingen auf Fröschejagd oder spielten in unseren selbst gebauten Hütten oder Zelten. Das war eine schöne Zeit.

Die Bedeutung des Begriffes Familie, die Oma und Opa uns vermittelt haben, liegt genau hierin: im Teilen wunderschöner Erinnerungen, im gemeinsamen Verbringen von Zeit und in der bedingungslosen Liebe untereinander, geborgen in der Liebe von und zu zwei einzigartigen Menschen.

Wo liegt Heimat?

Wie könnte Opa in seiner Kindheit über Heimat gedacht haben?
Vielleicht so:

„Wo könnte Heimat anders liegen
als im Haus, das man bewohnt?
Worin könntest du dich besser wiegen
als im Bett, das die tägliche Müh' lohnt?

Was wärest du
ohne das umliegende Feld?
Zähle noch die alte Scheune hinzu,
und vollständig ist deine kleine, heile
Welt."

COMUNE DI BOLZANO

DIVISIONE III - SERVIZI DEMOGRAFICI

N. 6073 reg. cert.

CERTIFICATO DI NASCITA

Il sottoscritto Ufficiale dello Stato Civile del Comune di Bolzano certifica risultare dal registro degli atti di nascita dell'anno millenovecento **ventotto** Vol. I°

Parte I^a Serie ./. N. 388 che nel giorno **tré** del mese di **luglio** millenovecento **ventotto** è nato a Bolzano

D A L S A S S ARTURO

da ./. e da **Dalsass Angelica.**

In carta libera ad uso **assistenza.**

Bolzano, addì 9 FEB 1940 Anno XVIII

L'impiegato responsabile

L'UFFICIALE DELLO STATO CIVILE
(Silvio Cattaruzza)

22

„Das Glück, eine Familie zu haben, durfte ich nicht von Anfang an teilen. Zehn Tage nach meiner Geburt verschenkte mich meine Mutter! Ein Postbote brachte mich zu Fuß von Leifers durch das Brantental nach Deutschnofen, wo eine Ziehfamilie auf mich wartete."

Wie oft mein Großvater diese Worte gesprochen hat, vermag ich nicht zu sagen, zu schmerzvoll war für ihn die Tatsache, dass er von seiner eigentlichen Heimat, seiner Mutter, so früh verlassen worden war.

„Da sie mich nicht haben wollte oder aufziehen konnte, entschied sie sich, mich einer Ziehfamilie zu geben. Dafür wollte sie ihr monatlich Geld schicken. Dieses Geld hatten meine Zieheltern nötig, sie waren arm und hielten nach jedem Zusatzverdienst Ausschau. Deshalb nahmen sie mich an. Und so wurden für mich das Haus meiner Zieheltern und die Familie, die es bewohnte, zur Heimat. Die erste Heimat, an die ich mich erinnern kann!"

Obwohl die Geschichte an ihm nagt, lächelt mein Großvater. Ein Charakterzug, den ich bewundere. Es ist nicht seine Art, sich lange nach dem Warum zu fragen oder mit der Vergangenheit zu hadern. Sie ist nun mal so, nichts kann daran etwas ändern, deshalb schaut er auf das Positive. Mag es noch so verschwindend gering scheinen. Er findet etwas, worüber er sich freuen kann, und denkt dann meist nur noch daran. Im Falle dieser Geschichte ist es die Liebe, die ihm seine Ziehmutter entgegenbrachte. Über sein Verhältnis zum Ziehvater weiß ich nichts Genaueres.

„Sie war meine Mutter! An ihrer Liebe zweifelte ich nie. Denn sie behielt mich, obwohl meine leibliche Mutter die Zahlungen an sie nach nur zwei Monaten einstellte. Den Grund dafür kennt niemand. Auf einmal kam einfach kein Geld mehr."

Es erstaunt mich immer wieder, was Menschen leisten können. Wie gut sie sein können. Die Zieheltern hatten kein Geld, kaum nennenswerte Einnahmen, und doch zogen sie meinen Opa groß. Sie behielten ihn – einen von der leiblichen Mutter Verstoßenen, einen dem eigenen Vater Unbekannten – bei sich. Sie entschieden sich für ihn, damit er heranwachsen und sich eine bessere Zukunft aufbauen könne. Ihre eigenen Interessen stellten sie hintan. Da war bloß dieses zerbrechliche, wehrlose Kind und sie, die bettelarmen, herzensguten Menschen, die ihm bereitwillig Hilfe leisteten. Wenngleich mein Großvater dies nie so formuliert hat, bin ich mir sicher, dass ihm dies bewusst war, denn in den Gesprächen über seine Zieheltern blickte er stets dankbar und liebevoll zurück. Nach seiner frühen Reise war er an einem Ort angekommen, den er Heimat nennen konnte, da Menschen dort lebten, die ihn liebten.

„Das war meine eigentliche Familie, ja! Allen voran meine Mutter, die als Hausfrau arbeitete und den einzigen Besitz, den wir hatten, hütete: zwei Kühe. Dann war da noch mein Vater, ein Tagelöhner, der sich zeit seines Lebens für minimales Gehalt, etwas Holz oder Nahrung auf den Feldern und in den Wäldern abschuftete. Und abschließend noch meine Geschwister, die aber allesamt viele Jahre älter waren und schon bald nach meiner Ankunft auszogen. Gelebt haben wir in einem kleinen Haus, dem Mösl, in unmittelbarer Nähe zum Dorfzentrum von Deutschnofen. Mit diesem Ort sind meine ersten Erinnerungen verknüpft, vor allem aber mit den Menschen, die dort lebten. Mit ihrer Armut und Herzensgüte. Die Unterschiede zu den anderen Bauern des Dorfes waren schlicht zu groß, als dass man nicht unter der Armut gelitten hätte: Höfe mit vielen Hektar Fläche an Besitz, da wird dir schnell bewusst, wie klein du bist! Doch verzagten wir nie, oder nur selten. An eine immer wiederkehrende Episode erinnere ich mich, in der ich meine Mutter nahe der Verzweiflung sah: Wollte sie Brot kaufen gehen, begann sie oft bitterlich zu weinen, da sie nicht genügend Geld dafür hatte. Ich konnte damals noch nicht viel beitragen, im Alter von sieben Jahren begann ich aber mitzuhelfen, und so hütete ich regelmäßig unsere Kühe."

Trotz der bitteren Armut scheint mein Opa am Mösl glücklich gewesen zu sein, in den Jahren seines Aufenthaltes dort ist der Ort
also wahrlich zu einer Heimat für ihn geworden. Eine Heimat, an
die er gern zurückdenkt, von der er immer wieder erzählt. Denn
seine Wurzeln liegen dort und dort durfte er die Geborgenheit erfahren, die er in späteren Jahren oft missen würde. Als ich ihn
frage, wie die Geschichte weitergeht, ob er ruhige Jahre hier verbrachte – soweit unter solchen Bedingungen möglich –, lacht er
herzhaft und meint:
„Ruhige Jahre? Für Ruhe hatte ich damals keine Zeit, nein!"
Grinsen.
„Mit acht Jahren bin ich umgezogen, weg vom Mösl, hin zum Unterkofl. Der Umzug war nicht sehr schwer, der Unterkofl befindet sich
nämlich auch in Deutschnofen und ich konnte meine Zieheltern
regelmäßig besuchen, jeden Sonntag nach dem Kirchengang machte
ich mich zu ihnen auf! Natürlich war ich anfangs nicht gerade begeistert, aber ich habe mich schnell angepasst und mich mit der
Situation abgefunden. Dort arbeitete ich dann regelmäßig als Hir-
tenjunge, oft war ich den ganzen Tag unterwegs, unabhängig von
Laune und Wetter. Die Arbeit war zu erledigen und das habe ich
getan! Ob es gewitterte oder nicht – ich machte mich auf, um die
Kühe auf die Weiden zu führen. Bei lautem Donner ergriff mich
dann solche Angst, dass ich mich zwischen die Kühe drängte, die
sich unter einem Baum zusammengefunden hatten, und dort aus-
harrte, manchmal stundenlang. Ich nahm das aber gern in Kauf,
schließlich hatte ich so einen Schlafplatz und mein Essen sicher. Das war für mich das Wichtigste, deshalb machte ich mir
nichts draus. Obwohl das Essen nicht gut und selten ausreichend
war."
Er schweigt, noch lange liegt ein Lächeln auf seinem Gesicht. Als
er aber nach mehreren Minuten nicht weitererzählt, wundere ich
mich und blicke ihn fragend an. Er bemerkt meinen Blick nicht

und wirkt in Gedanken versunken. Wenn er sich zurückerinnert, geschieht das häufiger, doch nach kurzer Zeit hat er sich normalerweise wieder gefasst und beginnt mit einer neuen Geschichte. Diesmal verharrt er regungslos, den Blick starr auf den Boden gerichtet. Es ist ein Anblick, den ich so von Opa nicht kenne, normalerweise strömen die Worte nur so aus ihm raus, wenn er aufgefordert wird, über etwas zu sprechen, was es auch sein möge. Das macht seinen Charme aus, zu jeder Anekdote fällt ihm eine weitere ein, sodass man Stunden damit verbringen könnte, einfach nur dazusitzen und ihm zuzuhören. Umso mehr verwirrt es mich, dass er nicht die Initiative ergreift, um weiterzusprechen. Ihm fiele mit Sicherheit etwas ein. Deshalb frage ich vorsichtig nach: „Ist alles in Ordnung bei dir?" Seine Beteuerung, dass es so sei, überzeugt mich nicht ganz, doch ich belasse es dabei. Wenn er in der passenden Stimmung ist, wird er es mir schon erzählen.

Die Minuten verstreichen, sowohl Opa als auch ich hängen unseren Gedanken nach, wobei ich mir eher darüber Gedanken mache, was ihn beschäftigen mag. Doch bald danach hat er sich wieder gefasst und das wohlbekannte, leuchtende Lächeln formt sich auf seinem Gesicht.

„Du willst wissen, was sonst noch alles beim Unterkofl passiert ist? Nun denn, so manches, denn ich wusste mir stets zu helfen. Manches Mal plagte mich dort der Hunger, wie so oft in meiner Kindheit, doch mich dem einfach so zu ergeben war nie meine Art. Vom immer gleichen ‚Muas' zum Frühstück, den eintönig schmeckenden Knödeln zu Mittag oder der mageren Suppe abends konnte ein junger Bub, wie ich es war, einfach nicht satt werden! Da ließ ich mir schon etwas einfallen: Ein guter Freund von mir wohnte auf einem Hof in der Nähe. Der war oft genauso hungrig wie ich und wollte auch endlich etwas Ordentliches essen! Also sprachen wir uns ab und warteten, bis die Bauern seines Hofes das Haus verlassen hatten. Sogleich stahl ich etwas Rahm von zu Hause, eilte zu ihm

hinüber und traf ihn in der Küche. Manchmal trafen wir uns aber
auch bei mir, je nachdem, was besser passte. Ich präsentierte ihm
stolz den gestohlenen Rahm und er zeigte mir den entwendeten
Honig, den er mitgebracht hatte, und dann ging's so richtig los! Wir
mischten die Zutaten, erwärmten sie und ließen sie dann erkalten.
Das Ergebnis war eine Speise, so gut, wie ich sie selten gegessen
habe. Wir schnitten alles in Scheiben und verzehrten es vor Ort,
damit uns niemand erwischen würde. War das eine Freude! Na ja,
du musst dir vor Augen führen, wie meine Ernährung sonst ausgesehen hat: Gelegentlich plagte mich der Hunger dermaßen, dass
ich in den Schweinestall ging und den Tieren das Futter stahl. Das
bestand meist aus Kartoffelschalen sowie zu kleinen, ausgemuster-
ten Kartoffeln, doch mir war das mehr als nur gut genug. Aber satt
wurde ich davon auch nicht, weswegen ich jeden Morgen vor der
Bäuerin in den Hühnerstall ging, mir ein oder zwei Eier holte und
sie noch vor Ort austrank! Oder ich schlich mich zu den Kühen,
bevor sie gemolken wurden, und trank die Milch direkt aus dem
Euter immer derselben Kuh. Ach, das waren noch Zeiten! Wie gesagt, ich fand stets einen Ausweg. Gut, eine Ausnahme gab es dann
doch: Im Laufe der Zeit überführten mich Bäuerin und Bauer, weil
die Kuh nie gleich viel Milch gab. Das machte sie misstrauisch,
weshalb sie mich beobachteten und erwischten. Als ich auf frischer
Tat ertappt wurde, fand ich keine Ausflucht mehr. Der Bauer kam
auf mich zu, ohne dass ich es bemerkte, und riss mich an den Ohren weg; das reichte ihm aber nicht, im Anschluss zog er mich an
den Ohren im Raum hin und her, bis sie bluteten. Da glaubte ich
schon, ich hätte genug gebüßt, aber falsch gedacht! Nach kurzer
Verschnaufpause wurden mir noch einige heftige Fußtritte und
Watschn zuteil, damit mir nie wieder in den Sinn käme, es nochmals zu versuchen. Aber im Grunde genommen war es mir egal, ich
verzagte deshalb nicht. Eine andere Sichtweise hätte mich auch
nicht satt gemacht, und so wurde ich das zumindest. Wenn ich

bedenke, wie sehr ich diese Taten büßen musste, kann ich getrost sagen: Das zusätzliche Essen habe ich mir verdient!

Mehr noch: Je größer der Hunger wurde, desto kühner wurde ich. So zum Beispiel einmal, als ich den Bauern, der auch Imker war, zu den Bienenständen begleitete, um ihm zu helfen. Da gab er mir einige Wabenstücke in die Hand, die ich halten sollte, während er Arbeiten vornahm. Als er wegsah, konnte ich mich nicht mehr halten und schleckte den süßlich-glänzenden Honig in den Waben ab. Mehrmals – ich genoss es sehr. Plötzlich verspürte ich einen brennenden Schmerz auf der Zunge. Augenblicklich schwoll meine Zunge an und wurde taub, da verstand ich: Eine Biene hatte mich gestochen! Der Bauer bemerkte den Stich, sagte dazu aber nichts, ich glaube, er verdächtigte mich nicht, an seinem Honig genascht zu haben. Da hatte ich Glück!"

Ich frage mich, wie sehr der Unterkofl wohl eine Heimat für Arthur gewesen sein mag. War es für ihn nicht vielmehr bloß ein weiterer Aufenthaltsort auf seiner einsamen Reise, deren Zweck es war, ihn zu sättigen und nachts sicher schlafen zu lassen? Es war ein Ort, den er eine Zeit lang bewohnte, nicht mehr und nicht weniger. Deshalb machte es ihm auch nichts aus, jeden Sommer auf einem benachbarten Hof zu verbringen, auf dem er genauso viel zu arbeiten hatte, oder den Unterkofl im Alter von vierzehn Jahren gänzlich zu verlassen. Im Gegenteil: Der Umzug zum Oberkofl bereitete ihm große Freude, denn dort wurde er zu *jemandem*. Während er auf dem Unterkofl stillschweigend zu gehorchen hatte und sich nie wirklich einbringen durfte, brachte der Wechsel zum Oberkofl eine weitreichende, erfüllende Veränderung mit sich: Er wurde ein *Knecht*. Eine Bezeichnung, die ihn mit Stolz erfüllte, die ihn zu jemand Wichtigem machte.

„Der Oberkofl. Gut und genug zu essen und endlich keine Schafe mehr zu hüten! Das war keine Aufgabe für einen Knecht, wie ich einer geworden war. Mir wurden andere, verantwortungsvollere und

schwerere Arbeiten aufgetragen. So half ich etwa beim Backen,
genauer: beim Rühren des ‚Mitten' [Mehl-Wasser-Mischung in einem Holzfass], denn das war eine Arbeit, die für die Bäuerin zu
anstrengend gewesen wäre. Ja, Knecht war ich! Diese Bezeichnung
macht etwas her, nicht? Stolz ging ich jeden Tag an die Arbeit und
erledigte sie so gut wie möglich! Nach zwei Jahren, ungefähr mit
sechzehn, zog ich dann wieder um, diesmal ging es zum Köchel.
Die Situation dort war wenig angenehm, weil das Essen schlecht
war und mehrere Frauen gleichzeitig das Sagen hatten, nur nicht
die Bäuerin. Doch auch hier war ich Knecht und es war insgesamt
erträglich. Ich teilte mir ein Zimmer mit zwei anderen Knechten
und musste hauptsächlich die Äcker pflügen, Holz und Heu trans-
portieren oder mich allgemein um den Hof kümmern. Was ein
Knecht halt so macht …"
Ich muss an dieser Stelle gestehen, dass die letzten zwei Episoden
nicht so ganz in die Thematik des Kapitels zu passen scheinen.
Schließlich soll es um den Wohnort gehen, der zur Heimat geworden ist. Dennoch spreche ich fast ausschließlich von dem Titel, den
Arthur trug. Aber ist es nicht so, dass sowohl der Heimatort als
auch dieser Titel dieselbe Aufgabe erfüllen können? Sind sie nicht
gleichermaßen identitätsstiftend, was meines Erachtens eines der
wohl prägendsten Merkmale von Heimat ist? Obschon Arthur zu
Beginn seines Weges, also auf dem Mösl oder dem Unterkofl, den
jeweiligen Ort als Heimat definiert hat, beginnt er nun unbewusst
diese weite Auslegung von „Heimat" anzunehmen. Denn weder gefiel es ihm beim Oberkofl übermäßig noch wurde er dort glücklich, was die Bezeichnung Heimat in meinen Augen rechtfertigen
würde. Genauso wenig beim Köchel. Nein, die Wichtigkeit dieser
Orte liegt einzig und allein in der Bezeichnung, die Opa ab sofort
tragen durfte: *Knecht*. Sie schenkte ihm eine Identität, er fühlte sich
dem Hof zugehörig, da es bestimmte Aufgaben gab, die ihm anvertraut worden waren und niemandem sonst. Diese Orte sind für ihn

Heimat, weil sie ihm die Richtung wiesen, seinem Leben Sinn schenkten. Und der Köchel sollte zukunftsweisend werden:

„Eines Tages ging ich im Auftrag der Bäuerin ‚Streb [Einstreu] zomrechnen', also im Wald einen Strohersatz aus Blättern und allerlei herabgefallenen Baumresten sammeln, der dann auf einem ‚Grieg' genannten Wagen von Ochsen in den Stadel gezogen wurde. Durch die jahrelange Übung fiel mir die Arbeit nicht sehr schwer, weshalb ich den nahenden Besuch auch gleich erblickte: Das schönste Mädchen von Deutschnofen, Rosa Riegler, genannt Nocker Resel, kam vorbei, sie war gerade auf dem Weg ins Dorf. Ich kannte sie aus der Schule, aber wir besuchten nicht dieselbe Klasse, sie war nämlich drei Jahre älter als ich. Deshalb hatte ich vorher nie etwas mit ihr zu tun gehabt, außer ein einziges Mal, als wir einen Handel trieben. Ach Gott, hat sie mich da betrogen! Haha. Das muss ich dir zuerst erzählen:

Damals besaß ich einen Hasen, ein Prachtexemplar, den Rosa haben wollte, um Nachkommen zu züchten. Sie sprach mich auf ein Tauschgeschäft an: Ich sollte ihr den Hasen überlassen, sie würde mir dann mehrere kleine dafür geben. Nachdem ich ihn ihr gegeben hatte und nach einigen Tagen meinen Teil einforderte, war ich sehr überrascht, dass sie mir nur zwei sehr kleine Hasen gab. Ich wollte mich wehren, doch war sie in Begleitung mehrerer junger Knechte, die allesamt zu ihr hielten. So war ich gezwungen, ohne ein Wort des Widerspruchs das mich benachteiligende Geschäft anzunehmen, mein Hase war sowieso schon längst bei ihr."

Wenn er heute von dieser Begebenheit erzählt, lächelt er und trägt ihr nichts nach:

„Sie hat mich zwar betrogen, aber sie war ein wunderbares Mädchen.

Kommen wir zurück zur Begegnung mit Rosa im Wald. Ich wusste es zwar noch nicht, aber das Nachfolgende sollte unser beider Leben für immer prägen. Sie war eine Tochter der Obernocker

Bäuerin, die Jüngste von neunzehn Kindern, und dementsprechend gewieft. Ohne zu zögern, sprach sie mich an: ‚Arthur, sag, gefällt es dir beim Köchel?' Ich verneinte dies entschieden, und so wagte sie den Vorstoß: ‚Hättest du nicht vielleicht Lust, zu uns auf den Obernock zu kommen und dort als Knecht zu arbeiten?' Ich zögerte keine Sekunde und stimmte zu. Wie hätte ich ein solches Angebot, unterbreitet vom wunderschönen Resel, ausschlagen können? Sie nahm die Antwort zur Kenntnis, verabschiedete sich und ging ihres Weges. So wurde ich, hoffnungsvoll und gespannt, zurückgelassen, doch bevor es so weit war, musste mich noch Rosas dreizehn Jahre älterer Bruder, der Bauer Karl, darauf ansprechen. Rosa diente nur als Vermittlerin, die Entscheidung lag bei ihm.

Glücklicherweise bekam ich rasch die Antwort. Schon nach einigen Tagen, an einem Sonntag nach der Messfeier, bot Karl mir an, als Knecht auf seinem Hof zu arbeiten. So kam es, dass ich mich im Alter von siebzehn Jahren wieder vom Köchel verabschiedete. Mit nur wenigen Kleidern im Gepäck war der Umzug nicht schwer."

Der Umzug zum Obernock stellte eine weitreichende Veränderung dar: Mit rund achtzig Hektar Fläche war er einer der größten Höfe Deutschnofens, dementsprechend gut erging es meinem Opa dort. Der damalige Wohlstand kann aber keineswegs mit dem heutigen verglichen werden, denn obgleich der Besitz ansehnlich war und niemand Not litt, wurde gespart wie in Krisenzeiten:

„Gut erging es ihnen schon, im Überfluss lebten sie nicht. Klar, wenn jemand etwas brauchte oder haben wollte, konnten sie es sich erlauben, das kam jedoch nicht sonderlich oft vor. Hunger leiden musste niemand, was mich sehr beruhigte, zudem gab es stets genug Arbeit, die mich erfüllte, und alle Bewohner waren sehr nett zu mir. Dieser Umzug war das wohl größte Glück in meinem jungen Leben. Selbstverständlich war nicht alles schön, aber damit fand ich mich bereitwillig ab. So teilte ich mir das Schlafzimmer mit Luis, einem Verwandten Rosas, der schon sein ganzes Leben auf dem Hof lebte und einzig das Arbeiten im Kopf hatte. Nie hatte ich mit ihm irgendwelche Auseinandersetzungen, ein gutes Verständnis war mir immer wichtig und trug auch zu einem besseren Arbeitsverhältnis bei. Das stellte also kein Problem dar. Das Zimmer an sich schon. Es lag an einem Ende des Hauses, weshalb es im Winter darin sehr kalt werden konnte. Als hätte das nicht genügt, war außerdem ein Fenster kaputt, was der Kälte zusätzlich Eintritt bot. Im Winter wurde es bitterkalt, meist so kalt, dass sich an den Mauern hoher Reif bildete, in den wir dann zeichneten. Die Matratze, auf der ich schlief, war, genauso wie die aller Knechte und Bauerskinder, nicht mehr als ein Strohsack. Daran war ich gewöhnt, da dies bei meinen vorhergehenden Wohnorten ebenfalls so gewesen war. Das hätte mich keineswegs gestört, wären nicht unzählige Läuse und Flöhe darin heimisch gewesen. Die Nächte wurden dadurch häufig sehr unruhig. Aber man akzeptierte das gleichgültig, schließlich war es bei jedem so, außer beim Bauernpaar. Sie verfügten über eine Matratze, hatten im Zimmer sogar einen Ofen stehen und zogen sich um, um zu Bett zu gehen. Ja, ein Nachthemd besaßen sie! Wir Knechte wussten nicht einmal, was das sein sollte. Ein Nachthemd."

Bei solchen Gesprächen überfällt mich immer wieder dieselbe Erkenntnis: Der Reichtum, in dem wir heute leben, ist unverhältnismäßig und bizarr. Wir täten wohl gut daran, uns ein Beispiel an der Lebensweise jener Menschen zu nehmen, die maßgeblich dazu beitrugen, dass dieser Wohlstand unsere heutige Wirklichkeit darstellt. Es ist für mich immer wieder unverständlich, warum Opa von dieser Zeit, die geprägt war von Arbeit, Armut und noch schwererer Arbeit, fast ausschließlich positiv berichtet. Wenn man ihm zuhört, muss man immer wieder darauf achten, nicht in den schwärmerischen Wunsch zu verfallen, diese Zeit erleben zu dürfen. Denn rosig war sie sicherlich nicht. Warum erzählt er dann aber so erfreut davon?

Arbeit gibt dem Menschen Orientierung und Halt, er kann etwas tun, um seine Gegenwart und unmittelbare Zukunft zu verbessern. Bezogen auf die Feldarbeit bedeutet dies, er kann sich ihr völlig hingeben und weiß, er wird – höhere Gewalt ausgenommen – einen gerechten Lohn erhalten. Und Armut kann einen jungen Menschen dazu anspornen, noch härter zu arbeiten und alles für eine glücklichere Zukunft zu unternehmen. Doch allein hierin liegt die Erklärung wohl nicht: Dazu kommt noch der prägendste Charakterzug meines Großvaters, nämlich sein unbedingter Optimismus, der um jeden Preis das Gute sehen und sich nicht mit bedrückenden Ereignissen aufhalten wollte. Momente der Niedergeschlagenheit waren seiner Ansicht nach vergeudete Zeit. Der unbedingte Optimismus war die einzig denkbare Perspektive für ihn. Ob das immer klug war? Ich wage es zu bezweifeln, dass er seines Optimismus wegen nie bitter enttäuscht wurde. Seine Einstellung mutet aber derart an: „Wenn es diesmal auch nicht gelingt, ein nächstes Mal wird kommen. Und dann ein übernächstes. Ich versuche es jedes Mal, es wird mir sicher gelingen, wenn die Zeit reif ist." Er ließ den Dingen und sich Zeit, was dazu führte, dass alles in allem die Rechnung für ihn mehr als zufriedenstellend aufging. Er glaubte stets daran, dass er die Zukunft zu einer besseren machen könnte. „Ansonsten war beim Obernock vieles gleich wie auf anderen Höfen zur damaligen Zeit: Es gab weder Strom noch fließend Wasser, dementsprechend weder Badezimmer noch Kühlschrank. Dies führte dazu, dass Würmer in beinahe sämtliche Speisen Einzug hielten. Im Mehl waren immer welche zu finden; der Speck war, wenn er nicht gerade von Würmern befallen war, ranzig und beinahe ungenießbar. Aber wir einfachen Leute durften uns nicht beklagen, als Knecht musste ich mich mit dem ranzigen Speck zufriedengeben. Der stellte nämlich das einzige Fleisch dar, das ich erhielt. Man gewöhnt sich aber an alles. So machte es mir auch nichts aus, mich täglich ohne Seife im gleichen Wasser wie alle anderen Knechte zu waschen. Wir mussten, um hundert Liter Wasser zu holen, täglich über eine Stunde zu Fuß gehen, da kann man sich denken, wie sparsam wir damit umgegangen sind! Und wir haben trotzdem überlebt."

Diesen letzten Satz betont er bewusst provozierend. Er weiß, dass dies heutzutage kaum mehr vorstellbar wäre, dass sich die gesellschaftlichen Normen geändert haben. Aber manche dieser Normen, wie die akkurate Körperpflege, leuchten ihm nicht ein. Und da er als junger Mann solchen Normen überhaupt nicht Rechenschaft getragen hätte, will er das dem Zuhörer unter die Nase reiben. Es wäre ihm egal gewesen, weil es in seinen Augen noch immer nicht nötig ist, nichts mehr als unnützer Zeitvertreib. Je älter er wird, desto radikaler wird er in dieser Hinsicht. Fast so, als ob er sich immer weiter zurückerinnern würde und die damalige Realität mit der heutigen Gegenwart vermischte. Es will ihm halt einfach nicht einleuchten, weshalb er es niemals verpasst, in dieser Diskussion Seitenhiebe auf die „verwöhnte" Gesellschaft auszuteilen.

*

„Einzuleben tat ich mich auch nicht schwer, denn es fühlte sich alles sehr heimelig an und ich wurde zu einem richtigen Bauern ausgebildet. In dieser Zeit wurde ich mir meines Wunsches bewusst, eines Tages auch mal einen Bauernhof zu besitzen. In jungen Jahren ging mein Eigentum jedoch nie über einige Tiere hinaus, die meine Handelswaren darstellten. Nicht nur darauf lag meine Perspektive in dieser Zeit: Wie es das Schicksal so wollte, kamen Rosa und ich uns durch tägliche Gespräche und die gemeinsame Arbeit stets näher. Mehr als Freundschaft war es in den ersten Jahren unserer Bekanntschaft eigentlich nicht – mit Ausnahme einer einzigen Episode:

Eines Abends trafen wir uns zufällig auf der Treppe, die ins Obergeschoss führte, und fühlten uns unbeobachtet. Da wusste ich, was zu tun war. Du musst wissen, ich habe nicht, *nie*, geschlafen! Ich beugte mich also vor und gab ihr einen Kuss auf die Stirn. Obwohl er nur von kurzer Dauer war, freute sich Rosa über den Kuss. Womit wir beide nicht rechneten: Karl hatte uns gesehen. Er zögerte nicht lange, schritt auf Rosa zu und ohrfeigte sie. Das ließ ich mir nicht gefallen, deshalb packte ich ihn mit beiden Händen am Kragen und drohte: ‚Tu ihr nochmal was an und ich verprügle dich!' Wenn er auch der Bauer war, so wollte ich nicht einmal von ihm alles dulden! Im Grunde genommen war ja seine und Rosas Mutter die Chefin auf dem Hof. Ansonsten bin ich mit ihm immer gut ausgekommen. Ich war ein fleißiger Arbeiter und Karl ein netter und gerechter Bauer. Er begegnete mir stets auf Augenhöhe. Nachdem ich mich hier eingelebt hatte, begann er mich öfters zu fragen: ‚Arthur, was tun wir denn heute?' Er wollte stets meine Meinung wissen, weil ich eine Ahnung hatte von dem, was ich tat. Wie gesagt, bereitete mir die Landwirtschaft große Freude und geschickt stellte ich mich auch noch an. Unser Verhältnis war von Vertrauen geprägt, Karl zögerte nicht einmal, mich mit dem Vieh allein auf den Jahrmarkt zu schicken, damit ich es dort verkaufen würde. Da ging es um viel Geld, und ich enttäuschte ihn nie!"

Von den Freiheiten, die wir heute für selbstverständlich erachten, wagte man damals nicht einmal zu träumen. Mit einer solchen Reaktion, wie Karl sie an den Tag legte, musste man rechnen, wenn man, wie Rosa und Arthur, es wagte, die Stände zu durchbrechen oder überhaupt eine solch „unsittliche" Handlung zu begehen. Was der genaue Grund für Karls Reaktion gewesen sein mag – Arthurs niederer Stand oder das unangebrachte Verhalten der beiden –, kann man nur erahnen.

„Auf dem Obernock ist es mir gut ergangen. So gut, dass ich nebenbei Zeit zum Handeln hatte – was ich übrigens immer schon gern getan habe. Dadurch konnte ich mir eine Kleinigkeit zusammensparen und ich wusste von Beginn an, wofür ich das Geld verwenden wollte. Also ging ich eines Winters in einen Tauschladen und besorgte mir Ski einer sehr bekannten Marke. Ich war bis dahin noch nie Ski gefahren, weswegen ich es unbedingt einmal versuchen wollte. Sofort machte ich mich zum Obernock auf, wählte eine abfallende Wiese aus und stieg auf die Ski. Ich hatte überhaupt keine Ahnung, was ich da tat, aber mich deshalb zu fürchten, wäre mir nicht eingefallen. Unbekümmert fuhr ich los und wurde schneller und schneller. Ehe ich mich versah, tauchte ein Baum vor mir auf, doch es war mir unmöglich, zu bremsen oder auszuweichen. Also fuhr ich geradewegs in den Baum hinein. Da bin ich umgefallen, der Baum aber ist stehen geblieben. Mit Schmerzen im Fuß kroch ich auf allen vieren zum Hof zurück, wo mir geholfen wurde und ein Arzt feststellte, dass mein Fuß gebrochen war. Sobald ich wieder laufen konnte, verschenkte ich die Ski. Ich wollte nichts mehr davon wissen und bin auch später nie wieder auf die Bretter gestiegen."

*

„Erlebt habe ich auf dem Obernock viel. Hier bin ich zu einem Mann gereift und habe vieles gelernt. Es fühlte sich wie eine Heimat an. Vor allem Rosas Mutter, die ebenfalls Rosa hieß, hatte mich gern. Sie war die Entscheidungsträgerin auf dem Hof, weil ihr Gatte schon früh verstorben war. Sämtliche Geschäfte wurden von ihr geleitet und organisiert. Ja, sie mochte mich sehr."
Es scheint mir, als habe Opa in dieser Zeit Orientierung gefunden. Dazu trug wohl Rosas Interesse an ihm bei, aber auch die Aufmerksamkeit, die ihm von den weiteren Familienmitgliedern entgegengebracht wurde. Vielleicht stellt der Obernock den ersten Ort dar, an dem er sich nicht allein fühlen musste, an dem er keine Angst zu haben brauchte, weil er mittlerweile alt und erfahren genug war, um sich notfalls zur Wehr zu setzen. Bei Beschreibungen vom Obernock hatte ich stets das Gefühl, dass er sich zum ersten Mal seit dem Verlassen des Mösl wahrlich zu Hause fühlte. Die Aufenthalte

an all den anderen Orten beschrieb er meist bloß mit den Adjekti-
ven „gut" oder „schlecht", um dann eine unterhaltsame Anekdote
folgen zu lassen und sich im Erzählen eines anderen wichtigen
Lebensereignisses zu verlieren. Beim Obernock hingegen wechselte er nie das Thema, sondern sprach immer wieder gern darüber
und gab jedem zu verstehen, wie viel ihm der Ort samt seinen Bewohnern bedeutete. Als Sprungbrett für sein späteres Leben. Als
Schule für seinen Geist voll des Tatendrangs. Als Heimat für seine
verlassene Seele.

Für zwei Jahre jedenfalls. Als Neunzehnjähriger erhielt er ein Ar-
beitsangebot von seiner Ziehschwester in Bozen. Er sollte als Magazineur für ihre beiden Gasthäuser arbeiten. Aus Verdienstgründen
nahm er das Angebot an und zog – den Obernock im Herzen – nach
Bozen. Die Zeit hier wusste er zu nutzen: Vom gesparten und durch
Handelsgeschick erwirtschafteten Geld der letzten Jahre sowie von
seinem mageren Verdienst – er arbeitete hauptsächlich für den Lohn
der Verköstigung – finanzierte er sich den Führerschein.

„Untertags arbeitete ich als Magazineur der beiden Gasthäuser der
Familie Plattner, abends besuchte ich ein Jahr lang die Fahrschule.
Anschließend trat ich zur Prüfung an: Zuerst musste ich dem Prüfer
theoretische Fragen mündlich beantworten. Um nicht zu riskieren,
vor Nervosität den Faden zu verlieren, war es damals üblich, sich
vor der Prüfung mit Schnaps Mut anzutrinken. Ein Stamperle wirkt
da Wunder! Direkt nach Bestehen der theoretischen Prüfung ging
es über zum praktischen Teil. Da hatte ich keine Probleme, so bekam ich bald darauf das ‚Patent' – und ein neues Leben begann."
In der Tat begann für Opa mit der Erlangung des Führerscheins ein
neues Leben. Damit war er nicht mehr an einen Ort gebunden. In
den darauffolgenden Jahren sollte er die Freiheit kennenlernen,
Geborgenheit in einem Gefühl zu finden. Im Gefühl der weiten
Landstraßen und engen Dorfgassen seiner „wahren" Heimat: Südtirol.

Geld, Predigt und Moral

„Damals waren sie wirklich böswillig –
aber Hauptsache jeden Sonntag zur
Kommunion gehen!"

„Obwohl ich seit jeher stolz bin, ein Südtiroler zu sein, muss ich gestehen, dass auch hier nicht alle Menschen ausnahmslos gut sind, wie es halt überall so ist. Vor allem früher haben sich die Menschen nicht schwergetan, einem anderen Unrecht zu tun. In jeder Hinsicht. Beispielsweise war es den Frauen bei uns in Deutschnofen mit wenigen Ausnahmen verboten, ins Gasthaus zu gehen. Gasthäuser waren ausschließlich Männern vorbehalten. Nur die reichen Bäuerinnen durften ins Gasthaus gehen. Wer aber denkt, sie durften mit Männern im selben Raum sitzen, der irrt gewaltig: Ihnen war die Küche vorbehalten. Also war es diesen sogenannten Kaffeeweibern nur erlaubt, ins Lokal und dann auf direktem Wege in die Küche zu gehen, mehr nicht. Die Geschlechtertrennung war dazumal allgemein sehr strikt – natürlich zulasten der Frauen. Man stelle es sich vor: Einer weiblichen Person wurde vorgeschrieben, nach der Messe auf direktem Weg nach Hause zu gehen. Wagte eine es, eine Zeit lang auf dem Dorfplatz zu bleiben und sogar mit Jungen oder Männern zu reden, wurde sie als Hure diskreditiert. Von der ganzen Dorfgemeinschaft, den Frauen eingeschlossen. Dazu sollte man noch etwas wissen: In Deutschnofen gab es ein junges Mädchen, das sich zwar nicht nach dem Kirchengehen mit Jungen unterhielt, in der Schule aber umso öfter. Deshalb wurde ihr von der gesamten Dorfgemeinschaft der wenig schmeichelhafte Beiname ‚Buabmenroll‘ [„Bubenrolle"] verliehen. Ich kannte sie nur flüchtig, sollte sie aber später noch besser kennenlernen: Dieses Mädchen war Rosa Riegler, die ich Jahre später die Meine nennen durfte.

Einige der größten Ungerechtigkeiten in meinen Augen wurden von den Reichen begangen: Wie es damals und bei uns noch lange Zeit üblich war, gingen wir jungen Leute zum ‚Neujahrswünschen‘ von Hof zu Hof, überbrachten also den Bewohnern unsere guten Wünsche für das neue Jahr. Wir waren eine bunt gemischte Truppe, einige stammten aus reichen Familien, andere aus ärmeren. Dieser

Brauch stellte für jeden von uns eine ideale Gelegenheit dar, etwas
Geld zu sammeln. Wir hofften auf Gaben und Spenden der Bauern.
Weil ich wusste, wie die Menschen dachten, achtete ich gut darauf,
zusammen mit einigen wohlstehenden, bekannten Bauernkindern
umherzuziehen. Dies vergrößerte meine Chance beträchtlich, überhaupt etwas zu bekommen. Also machte ich mich im Alter von
sechs bis vierzehn regelmäßig zu diesen Ausgängen auf, meist bekam man eine Kleinigkeit zu essen und etwas Geld für diese Ver-
kündigung der frohen Botschaft. Die frohe Botschaft vom Reich
Gottes, das so vieles bedeuten soll, in den Augen dieser Bauern
aber nicht Gerechtigkeit auf dieser Erde. Vor meinen Augen bekamen alle reichen Bauernkinder fünfzig Centesimi für ihren Gesang,
ich bekam als Letzter auch noch meinen Anteil: fünf Centesimi.
Glücklicherweise – wenn man es so sagen kann – ging es mir in
erster Linie nicht ums Geld, sondern darum, meinen Bauch zu füllen. Das Essen, das uns gespendet wurde, war mir viel wichtiger.
Ja, obwohl die Bevölkerung früher beinahe täglich die Kirche auf-
suchte, war sie keineswegs besser oder heiliger als die heutige
Bevölkerung. Es sind vor allem die Gelehrten und Wohlhabenden,
die ich heute noch in schlechter Erinnerung habe. Nur selten waren
Menschen gut zu mir, und wenn überhaupt, dann waren es arme
Leute. Ich kenne auch den Grund dafür: Sie waren arm, genauso
wie ich, also wussten sie, wie es sich anfühlt, nichts zu haben. Die
anderen hatten alles, die konnten sich unmöglich in meine Lage
versetzen, schon gar nicht sie verstehen! Für sie war es nicht wichtig, mir zu helfen. Es war ihnen wichtiger, schlecht über mich zu
reden."

*

Die Natur des Menschen ist so vielfältig, dass es kaum Eigenschaften gibt, die allen Menschen gleichermaßen zu eigen sind. Nichtsdestotrotz gibt es einige, die unsere Spezies wohl ausmachen, zum

Beispiel der Kampf ums Überleben und die Sicherung der eigenen Position in der Gemeinschaft. Wird einem Menschen aber Macht gegeben, so ist Machtmissbrauch leider oft nicht fern. Es liegt wahrscheinlich in unserer Natur, unsere Moral nicht zu kultivieren, während wir nach Ausdehnung unserer Macht streben. Sind wir damit nicht mehr als intelligente, instinktgeleitete Tiere, die ihre Triebe in schöne Worte hüllen? Natürlich ist es bei jedem Menschen anders: Manchem sind seine Werte wichtiger, während beim Nächsten sein Einfluss Priorität hat. Unabhängig davon ist gewiss: Macht in den Händen verantwortungsloser und eigensinniger Menschen ist gefährlich. Wie viel Schaden Macht an der falschen Stelle anrichten kann, musste mein Opa am eigenen Leib erfahren. Damals war es die katholische Kirche, die einen unermesslichen Einfluss auf die Menschen ausübte und so die Gesellschaft nach eigenem Willen gestalten konnte.

Auf die menschliche Individualität achtete die katholische Kirche damals wohl nicht. Ich glaube, ihre Aufgabe bestand eher darin, den Gläubigen allgemeingültige Richtlinien für ein möglichst gottesfürchtiges Leben auf Erden zu vermitteln. Angst und Ehrfurcht sollten demnach die Menschen auf den rechten Weg lenken, sodass die Prediger der Glaubensgemeinschaft stets die Notwendigkeit einer Vergebung Gottes einschärften. Dafür waren die Anhänger wahrscheinlich bereit, vieles zu tun. Priester wurden von allen Seiten als notwendig erachtet, weil sie die Einzigen waren, die den Menschen den Weg zum Himmel weisen konnten. Doch manchmal konnte ihre Macht auch großen Schaden anrichten.

„Ob die damaligen Priester gute Menschen waren? Nein, keineswegs. Im Gegenteil: Meist waren sie schlechtere Menschen und nicht bessere, wie man sich erwarten könnte! Du musst wissen, es gibt eine Sache, die werde ich den Geistlichen niemals verzeihen: Als Kind hätte ich nichts lieber getan als ministrieren. Das erlaubte man mir nicht, weil ich ja ein uneheliches Kind war. Der Dorfpfarrer ließ sich nicht erweichen – egal wie oft ich darum bat, egal wie oft ich darum bettelte. Nein, verzeihen werde ich ihnen das nie!"

Man hört die Verbitterung in seinen mit kräftiger Stimme gesprochenen Worten deutlich heraus. In ihnen liegt die Enttäuschung eines ausgestoßenen und verachteten Kindes, beraubt um die einzige Möglichkeit, wertvoller Teil einer Gemeinschaft zu werden. Aber auch die Wut eines Mannes, der unschuldig in die Welt kam und von anderen mit ungerechter, schwerwiegender Schuld beladen wurde.

Es ist überhaupt eines der seltenen Male, dass ich meinen Opa so reden höre. Ansonsten ist er zumeist friedvoll gestimmt und um Nachsicht bemüht. Deshalb vermute ich mehr hinter seiner entschiedenen Haltung zur Geistlichkeit. Zumal ich weiß, dass er im Laufe seines Lebens einige geistliche Freunde gehabt hat. Sein negatives Verhältnis zur Kirche muss viel tiefer wurzeln als im Verbot zu ministrieren. Vielmehr ist es auf die Rolle der Kirche in Opas Leben selbst zurückzuführen. Der Dorfpfarrer und sein Verhalten sind schließlich zu einem großen Teil für seine Misere mitverantwortlich. Sie sind schuld an seiner Ausgrenzung und an den meisten Schwierigkeiten, mit denen er als Kind zu kämpfen hatte. Die Kirche war die treibende Kraft hinter vielen Ungerechtigkeiten von damals. Die Gesellschaft hat durch ihr unreflektiertes Mitläufertum und ihre schweigende Akzeptanz dies alles erst ermöglicht. Von welcher Misere Opas ich überhaupt spreche? Von der, die aus der *Schande* seiner Geburt resultierte. Das, was ihm als Kind – überhaupt während seines ganzen Lebens – am meisten zusetzte, war nicht etwa das jahrelange Fehlen seiner leiblichen Mutter oder die lebenslange Unwissenheit um die Identität seines Vaters. Es war die Bürde, die ihm durch seine Geburt aufgeladen worden war. Es war die *Schmach*, ein Lediger zu sein, also das Kind unverheirateter Eltern. Opa wusste zeit seines Lebens wohl nur zu gut, dass die Entscheidung seiner Mutter, ihn wegzugeben, sicherlich auch *dieser*

Schmach geschuldet war. Dass die unzähligen Nachteile seines Lebens auf *sie* zurückzuführen waren.

*

„Ich litt nicht als Einziger unter dieser Form der Gewalt der Kirche bzw. ihrer Anhänger. Es gab damals sogar welche, die es schlimmer getroffen hat als mich. Viel schlimmer. Einen meiner Freunde beispielsweise, ebenfalls ein Lediger: Weil seine Mutter, Magd auf einem Hof, nicht wusste, was sie mit ihm als Neugeborenen machen sollte, wo sie nicht einmal verheiratet war und die Kälte der Gesellschaft fürchtete, entschloss sie sich, ihr neugeborenes Kind ins Plumpsklo zu werfen und es dort seinem Schicksal zu überlassen. Mein Freund hatte damals schon einen unbändigen Willen zum Leben, weshalb er durchhielt, bis andere ihn schreien hörten und fanden – sie nahmen ihn auf und zogen ihn groß. Wahrscheinlich litt er fortan genauso wie ich unter den Umständen seiner Zeugung, aber er hat es geschafft, genauso wie ich! Im Vergleich dazu hat meine Mutter noch liebevoll gehandelt. Und das alles bloß wegen dieser sinnlosen kirchlichen Moralvorstellungen …
Ins tägliche Leben mischte sich die Kirche natürlich auch ein. Sie bestimmte es. Wochentags besuchte ich die Schulmesse, sonntags kamen alle Dorfbewohner zusammen, um zu beten und um Gottes Gnade zu bitten.“
Ein kurzer Einwurf meinerseits: Ich kann beim besten Willen nicht verstehen, warum Menschen, die anderen Menschen keinerlei Gnade entgegenbrachten, sich Gottes Gnade erhofften. War es so, dass sie sich beim Kirchengehen reinzuwaschen glaubten, wodurch ihnen jedes noch so beschämende Verhalten Schwächeren gegenüber verziehen wäre? War die heilige Messe für Menschen von einst ein Freibrief für schlechtes Verhalten außerhalb der Kirche? War die katholische Kirche nicht mehr als eine Gewissen-Reinigungsanstalt? Gab es das überhaupt: ein Gewissen? Oder nur diese

christliche Scheinmoral? Und hätte Arthur Gottes Gnade nicht genauso nötig gehabt wie die vielen gut Lebenden?

„Im Laufe der Jahre, die ich bei meinen Zieheltern verbrachte, litt meine Familie in jeder Hinsicht Not. Deshalb standen mir im Laufe meiner Kindheit nur wenige Kleidungsstücke zur Verfügung, neue bekam ich selten. In den ersten Jahren meiner Kindheit besaß ich bloß ein einziges Paar Schuhe, Wachstum hin oder her! Ich hatte also als Grundschüler nur die Wahl zwischen zu kleinen Schuhen oder barfuß gehen. Da entschied ich mich meist fürs Barfußgehen, das war mir lieber als die Schmerzen. Viel mehr schmerzte mich aber das Verhalten vieler Mitmenschen, unter dem ich schon als Kleinkind zu leiden hatte, wie meine Ziehmutter mir erzählte: Wegen meiner mangelhaften Bekleidung nahm sie mich einmal zu einer benachbarten Großbäuerin mit. Diese war schon etwas älter und hatte alle ihre Kinder bereits großgezogen. Deshalb besaß sie viele Kleidungsstücke, die ihr eigentlich nicht mehr von Nutzen waren. Von dieser Frau erhoffte sich meine Mutter Hilfe. Also bat sie die Großbäuerin, ob diese angesichts unserer schwierigen Lage nicht etwas ‚für diesen armen Buben zum Anziehen' hätte. Die schwerreiche Großbäuerin schüttelte nur den Kopf und meinte verächtlich: ‚Für derartige Kinder habe ich nichts!' Meine Ziehmutter sollte mir diese Geschichte noch oft mit Tränen in den Augen erzählen."

Hiervon zu berichten, fällt meinem Opa sogar als neunzigjährigem, reifem Mann sichtlich schwer. Er glaubt auf eine bestimmte Art noch immer, sich für seinen Ursprung schämen zu müssen. Weil es ihm als Kind so eingeredet worden ist. Wie jede Kirche beanspruchte auch die katholische – damals wie heute – eine Deutungshoheit über die Lehren Jesu, die meiner Meinung nach teils stark von seinen Lehren der Nächstenliebe und Vergebung abwich. Im 21. Jahrhundert darf man aber auch als Mitglied der katholischen Kirche sagen, dass Jesus anders verstanden werden kann, als es in der Kirche gepredigt wurde und wird. Ein selbstständiges Nachdenken über seine Lehren würde ihrer Bedeutung viel mehr entsprechen als das bloße Besuchen von Gottesdiensten, um die eigene Seele für einen weiteren Tag gereinigt zu wissen.

*

Nicht weniger kritisch sah Opa die Käuflichkeit der Prediger bei sich im Dorf und in der näheren Umgebung. Denn auch darunter hatte er zu leiden.

„Die Pfarrer wurden damals natürlich von allen respektiert und waren überall und zu jeder Zeit herzlich willkommen. Das war in erster Linie so, weil die großen Bauern und Bäuerinnen versuchten, sich durch Schmeicheleien, Spenden und Schenkungen einen Platz im Himmel zu erkaufen. Da fällt mir die alte Köchel-Bäuerin ein. Sie war eine überaus liebe Frau, mit achtzehn Jahren war sie lahm geworden und fand deshalb keinen Mann, trotzdem hatte sie für jeden etwas übrig. Dafür war sie bekannt. Sie bekam täglich Besuch von armen Leuten und diese verließen den Hof nie, ohne Almosen irgendeiner Art erhalten zu haben, sei es Essen oder einige Lire. Ihr Besitz war dementsprechend groß: Drei Bauernhöfe besaß sie. Sie war alleinige Besitzerin, die Verwaltung der Höfe überforderte sie selbstverständlich. Neben den armen Leuten bekam sie regelmäßigen Besuch vom Pfarrer. Pfarrer besuchten damals ja ständig die Bauern. Für diese hohen Besuche sparten Bauern den besten Speck auf, gönnten sich selbst nur den beinahe ranzigen und tischten dem Pfarrer bereitwillig das Beste vom Besten auf. Klarerweise taten sich die Pfarrer an diesem Speck gütlich – wer täte das nicht?!

Aber zurück zur Köchel-Bäuerin: Nach vielen Besuchen des Pfarrers entschloss sie sich dazu, einen ihrer Höfe der Kirche zu schenken. An sich durchaus nachvollziehbar. Schließlich war ihr der Hof kaum von Nutzen und womöglich hätte der Geistliche ja gern einen

Hof besessen und bewirtschaftet. Diese Erklärung entspricht leider nicht der Wahrheit: Der Pfarrer verkaufte den Hof unmittelbar nach der Schenkung weiter. Ich kann mir einfach nicht vorstellen, was ein Priester den Bauern damals alles weisgemacht haben muss oder mit welchen Versprechen er sie gelockt haben mag."

*

Für einen armen, einsamen Jungen muss es denkbar schlimm gewesen sein, mitanzusehen, wie Menschen der Kirche, *Gott*, so viel spendeten, wobei er nichts zu geben hatte. Damals war man davon überzeugt, sich durch solche Taten einen Platz im Himmel zu sichern. Was musste sich dann ein besitzloser, geächteter Junge denken? Welche Hoffnung, überhaupt in den Himmel zu kommen, durfte er haben? Denn wie sollte er sich bei einem menschlichen, korrumpierbaren Gott Erlösung erkaufen können, wo andere den Institutionen dieses Gottes ganze Höfe schenkten und er nichts zu geben hatte außer seine Dienste – und selbst diese ausgeschlagen wurden? Welche Furcht musste in einem Menschen, der ewig verlassen zu sein schien, heranwachsen, wenn er scheinbar nicht einmal nach dem Leben Gerechtigkeit erfahren würde? Wenn ihm nach dem Tod das Schlimmste vom Schlimmsten drohte, weil er die Frucht eines *Fehlers* zweier Menschen war, weil er selbst *ein Fehler zu sein* schien? Durfte er überhaupt hoffen, in den Himmel zu kommen?

Unzählige Fragen müssen sich Opa in seiner Kindheit aufgedrängt haben. Eine befriedigende Antwort blieb ihm verwehrt. Bis er erkannte, dass er in den Augen eines gerechten Gottes gleich viel wert wie alle anderen war; dass nicht er für seine Geburt, an der absolut nichts Verwerfliches lag, verantwortlich war. Dass er ein Kind der Sehnsucht und nicht der Schuld war. Ansonsten wäre es nämlich eine Schuld, die Gott im Menschen als Sehnsucht nach der Nähe eines anderen verankert hat. Solche Liebe braucht auch vor Gott keine Entschuldigung. Kein Gott würde seine Schöpfung zur

‚schuldvollen' Tat (eigentlich: zur liebevollen Vereinigung) bewegen und ihn anschließend dafür bestrafen. Ob Opa es aber überhaupt jemals schaffte, dies alles zu erkennen, oder ob er einfach früh beschloss, das alles zu ignorieren und seinen Weg zu gehen, weiß ich nicht. Ich weiß nur, dass ich ihm in Gesprächen immer wieder versicherte, nicht für die Engstirnigkeit seiner Mitmenschen verantwortlich zu sein.

Nichtsdestotrotz gelang es Opa, den Gang zur Kirche einigermaßen gern – oder zumindest gleichgültig – anzutreten. Er schaffte es auch, mit einer Aufgabe betraut zu werden: dem Wetterläuten. Zusammen mit einem anderen Jungen des Dorfes war er dafür verantwortlich, bei nahenden Unwettern die Glocken zu läuten, um alle Dorfbewohner zu warnen. Die Verpflichtung, sich bei herankommenden Gewittern zu jeder Tages- und Nachtzeit zu den Glocken aufzumachen, war eine sehr undankbare, zumal Opa noch relativ jung war und sich diese Glocken an mehreren Orten mitten im Wald befanden. Angst beschlich ihn angesichts des nahenden Unwetters, während er, oft alleine und in der Nacht, durch den Wald zog. Diese Aufgabe wurde ihm aus Mitleid des Pfarrers zuteil. Nicht deshalb, weil ihn andere so schlecht behandelten, sondern weil Arthur oft darum gebeten hatte, ministrieren zu dürfen, der Priester sein Herz aber nicht dazu erweichen konnte, ein *lediges* Kind mit Messaufgaben zu betrauen.

*

„Obwohl ich viele Freunde hatte, meinten es nicht alle Deutschnofner Kinder gut mit mir: Als ich ungefähr acht Jahre alt war, verließ ich mit einem Klassenkameraden das Schulgebäude und wir machten uns auf den Heimweg. Schon bald packte er einige Bonbons aus, die er genüsslich verspeiste. Das beobachtete ich kurz, dann fragte ich vorsichtig, ob ich eines haben könnte. Ich hatte vorher ja so gut wie nie irgendeine Süßigkeit gekostet. Mein Bekannter lächelte daraufhin süffisant und meinte: ‚Ich gebe dir gern eines.

Eines sollst du kriegen. Jedoch nur unter einer Bedingung: Zuerst gebe ich es in meinen Mund und esse eine Zeit lang davon. Anschließend musst du es dir von mir in dein Maul speien lassen, dann soll es ganz dir gehören!' Selbstverständlich lehnte ich sogleich ab, verließ ihn und ging weiter meines Weges."

Diese Episode aus seinem Leben erzählt Opa voller Abscheu und Ekel. Er wusste seine Ehre zu bewahren, doch gegen die Verletzungen, die solche Verhaltensweisen ihm gegenüber anrichteten, konnte er sich nicht schützen.

Insgesamt ist festzuhalten, was aus meiner Sicht das eigentlich Schlimme der damaligen Gesellschaft ist: das Verfügen einer Person über zu viel Macht. Wenn einer Person zu viel Macht gegeben wird, diese sich nur an wenige Regeln zu halten hat und das alles von der Gesellschaft ohne weitere Überlegungen gutgeheißen wird, dann gewinnt die Barbarei.

Dem folgt, dass an der traurigen Lage von Opa nicht allein die Pfarrer von damals schuld waren. In der Kirche gab es mit Sicherheit auch gute Menschen. Es wäre ziemlich ungerecht, würde ich anderes behaupten. Was hingegen im Namen der Kirche geschah, war in seiner Gesamtheit durchaus schlecht, und ich sehe die Geistlichen von damals hier in der Verantwortung. Sie hätten als Gottes Hirten die Aufgabe gehabt, die Menschen aufzuklären, sie zu einem besseren Miteinander zu führen. Leider wussten sie es selbst nicht besser als ihre Schafe. In derselben Weise gab es in der Gesellschaft auch nicht nur schlechte Menschen. Weil sie meiner Auffassung nach aber nur wenige waren und Menschen leichter zum Zerstören als zum Erschaffen geführt werden können, sollte es noch lange dauern, bis die Würde des Menschen unantastbar wurde. Ob dieser Prozess heute abgeschlossen ist, will ich nicht erörtern.

„Meine Firmung fand in der Bozner Pfarrkirche statt. Mein Ziehbruder, ein mir bis dahin eher Unbekannter, war Knecht beim Unterstoaner oberhalb von St. Jakob und wurde mein Firmpate. Am

Tag meiner Firmung begleitete mich mein Vater zu Fuß zu diesem Hof, wo wir meinen Paten abholten und dann nach Leifers gingen. Von dort aus erreichten wir Bozen mit der Tram. Nach der Firmung suchten wir ein Gasthaus auf, wo wir zu dritt speisten: Uns waren leider nicht mehr als ein paar Knödel gestattet, denn mein Ziehvater konnte sich nur dieses einfache Mahl leisten. Auf dem Weg ins Gasthaus sah ich zum ersten Mal überhaupt Luftballons und war sofort von ihnen fasziniert. So etwas hatte ich noch nie gesehen und ich wünschte mir nichts mehr als einen solchen Luftballon. Die Eleganz eines Luftballons hätte die Trockenheit meiner Firmung mit Sicherheit wettgemacht. Mir wurde keiner geschenkt, obwohl er billig gewesen wäre. Stattdessen schenkte mir mein Firmpate ein anderes, in seinen Augen wertvolleres Geschenk: ein Gebetbuch. Wobei ich nicht einmal richtig lesen konnte!"

Was mich persönlich an dieser Geschichte am meisten irritiert, ist dieses Gebetbuch. Es ist mir schon klar: Religion war damals etwas vom Wichtigsten überhaupt. Das Gebet war unersetzbar, ein Gebetbuch als Geschenk zur Firmung etwas Normales. Wofür hätte mein Opa aber beten sollen, wenn ihm sogar die einfachsten Wünsche ausgeschlagen wurden? Wie hätte Opa beten sollen, wenn er sich Gottes nicht würdig fühlte? Wenn er nicht einmal imstande war, die Worte zu entziffern, die Gott zum Anhören seiner Bitten bewegen würden?

„Nach alldem kehrten wir zurück zum Unterstoaner, wo wir noch einkehrten und mein Firmpate uns mit Speis und Trank verwöhnte. Obwohl ich nie geglaubt hätte, es könnte jemals zu viel zu essen oder zu trinken geben, wurde ich hier eines Besseren belehrt: Als ich mich mit meinem Vater spätnachts nach Deutschnofen aufmachte, war ich auf mich allein gestellt. Mein Vater hatte den Trank zu sehr genossen, zu eifrig aufgenommen, zu gedankenlos gesoffen, sodass ich – als Achtjähriger – darauf achten musste, meinen Ziehvater und mich heil nach Hause zu bringen. Im Dunkeln, ohne Licht. Mit bloß einer blassen Ahnung vom Weg. Mein Ziehvater bemerkte im Rausch immer wieder, ich solle aufpassen und fühlen, ob wir schon auf dem richtigen Weg wären. Jedes Abkommen davon hätte mit einem Sturz in den sicheren Tod geendet. Das war noch nicht einmal der einzige Grund für meine riesige Angst: Die vielen nachtaktiven Vögel ließen in der stockdunklen Nacht immer wieder gespenstische Laute ertönen, hauptsächlich Eulen und Uhus lehrten mich das Fürchten. Als wir Deutschnofen endlich erreicht hatten, war ich unglaublich froh, dieser Hölle entkommen zu sein. Der Tag graute bereits."

*

„Auch wenn ich älter wurde, bedrückte mich die Armut nach wie vor. In den drei Jahren, in denen ich die Schule besuchte, beneidete ich die anderen Kinder immer um ihre mitgebrachten Jausenbrote, während ich mit leeren Händen dasaß und bei ihnen betteln musste. Mit der Zeit erkannte ich, bei wem ich etwas bekommen könnte. Also bat ich jene stets aufs Neue, sich zu erbarmen. Außerhalb der Schule war es dasselbe, auch bei den Bauern verstand ich, wer mir etwas geben würde und wer nicht. Bei meinen Besuchen schenkten mir immer dieselben etwas Essbares. Ihre Namen kenne ich als Neunzigjähriger noch genau: Es handelte sich um die Wiesermutter, den Pihlerbauern und den Gosprerbauern. Diese drei hatten Mitleid, ausnahmslos. Sie ermutigten mich immer wieder: ‚Arthur, kimm lei wieder!' Und ich ließ mich nicht zweimal bitten!

Heutzutage freuen sich die meisten wie verrückt auf Weihnachten oder Ostern. Auf diese Feste freute ich mich nur bedingt. Das will ich erklären: Wie auch heute wurden diese Anlässe natürlich feierlich begangen. Aber gerade dann trat der Unterschied zwischen den großen und den armen Bauern besonders deutlich hervor: Sie hatten Nahrung im Überfluss. Arme Bauern hatten nur wenig zur Verfügung. Die Nahrung war knapp, das einzige Besondere auf der

Speisekarte dieses Tages waren der Tee und die wenigen Kekse, die ausschließlich für dieses Fest zubereitet wurden. Ich gehörte natürlich alljährlich zu diesen armen Bauern, und nur wenige Weihnachtsfeste konnten wir gebührend feiern: Hatte man gerade ein gutes Jahr hinter sich, gab es ab und zu ein paar Buchteln und Krapfen. Das gab es sonst nie, es war etwas absolut Herausragendes! Mehr wagten wir nicht zu erträumen. Manch seltenes Mal geschah es aber, dass mir zu Ostern drei Eier, zu Weihnachten sogar ein Paar Socken und ein Schurz für die Arbeit geschenkt wurden! Das brachte mich dazu, mich nur wenig auf diese Feste zu freuen. In besserer Erinnerung habe ich hingegen einen anderen Anlass: das Deutschnofner Waldfest. Ich besuchte es regelmäßig im Herbst. Im ersten Jahr, als ich es besuchte, ereignete sich etwas überaus Freudiges: Ein Bauer vom Eggental, den ich noch nie zuvor gesehen hatte, sah den armen Jungen, der ich war, und hatte Mitleid. Er rief mich zu sich und spendierte mir eine Aranciata [Orangenlimonade]. Das werde ich ihm nie vergessen!"

Die Hochstimmung, die diese Limonade in meinem Opa hervorrief, war so mächtig, dass selbst noch mit neunzig Jahren seine Augen wie die des Kindes funkeln, das zum ersten Mal am Überfluss dieser Welt teilhaben durfte.

Er rechnete es allen, die ihm halfen oder Gutes taten, hoch an. Ich glaube nicht, dass er auch nur einen Einzigen von ihnen vergessen hat. Es waren diese Menschen, welche er kennenlernen durfte, die ihn im Laufe der Jahre erkennen ließen, dass das Gute nicht zwingend nur innerhalb der Kirche zu finden ist. Zu dieser Einsicht gelangte Opa nach all der Zeit und er verstand, dass Moral und Würde nicht etwas Gottgegebenes, sonders etwas zutiefst im Menschen Verankertes sind. Und dass er auch als *Lediger* ein allen ebenbürtiger Mensch war.

Als ich 2018 mit Opa etwas ausführlicher über die Kirche und seinen Glauben sprach, erkannte ich seine Zweifel an den kirchlichen

Institutionen und ihren Lehren. Er behauptete, trotzdem an einen christlichen Gott zu glauben. An ihn sowie an die Hölle und den Himmel. Vermutlich glaubte er nur, weil er es nie wagte, das infrage zu stellen. In der Schule wurde nicht gelehrt, Dinge zu hinterfragen. Schon gar nicht jene, an denen man zu jeder Zeit festzuhalten hatte, weil ansonsten Bestrafung drohte. Von den Eltern, den Mitmenschen, von Gott. Opa glaubte an diese Dinge, solange er nicht länger darüber nachdachte. Ging er einmal etwas tiefer, wie es in diesem Gespräch der Fall war, kamen ihm starke Zweifel. Die meiste Zeit verzichtete er jedoch darauf, sich den Kopf darüber zu zerbrechen – die Lehren der Kirche zu akzeptieren, war für ihn einfacher, als ihnen zu widersprechen. Wahrscheinlich fürchtete er zudem, erneut von der Gesellschaft ausgeschlossen zu werden, würde er zu eigenen Überzeugungen gelangen. In der Öffentlichkeit vertrat er deshalb ein Leben lang die christlichen Lehren, doch hatte er zum Zeitpunkt unseres Gespräches schon lange das Vertrauen in sie verloren. Wenn er überhaupt jemals welches hatte.

*

„Ich weiß nicht, ob es einen Gott gibt oder nicht. Ich habe zumindest nie einen gesehen. Wenn es einen gibt, dann wird er schon gut sein. Ehrlich gesagt glaube ich aber, wenn man tot ist, dann ist man tot und endgültig weg!“

Opas schmerzliche Kindheitserfahrungen ließen in ihm im Laufe der Jahre also den Gedanken heranreifen, es gäbe weder Himmel noch Hölle, was ihn schlussendlich zum Glauben brachte, man existiere nach dem Tod nicht mehr. Davon war er als Neunzigjähriger überzeugt. Liegt in dieser Überzeugung vielleicht ein klein bisschen Hoffnung? Hoffnung auf die höchste Form der Gerechtigkeit, weil ihm eine ganze Kindheit lang größtes Unrecht angetan wurde? Hoffnung auf vollkommene Erlösung?

Kindheitsverlust

„Was willst du tun, wenn du ganz
alleine bist und niemanden hast,
zu dem du etwas sagen kannst?"

Beim Unterkofl in Deutschnofen (Opa ganz links)

„Zur Zeit, als ich noch beim Mösl wohnte, stand neben unserem Haus die Villa reicher Bozner, die mehrmals im Jahr nach Deutschnofen fuhren, um dort einige Tage Urlaub zu genießen. Ein paar Kinder waren auch dabei, ungefähr in meinem Alter. Von ihrem Reichtum war ich stark beeindruckt, weshalb ich sie öfters beobachtete. Viele Male aßen sie im Freien Orangen. Das machte mich neugierig: Wie die wohl schmeckten? Überhaupt war es ihr ganzes Auftreten, das mich neugierig stimmte: ihre kindliche Unbeschwertheit, ihre saubere, gute Kleidung und all das Essen, mit dem sie ständig das Haus verließen. Das alles stand im krassen Gegensatz zu meiner Lage. Ob ich deswegen neidisch war? Mir sogar wünschte, mit ihnen Platz zu tauschen? Vielleicht, hätte ich damals mehr Zeit zum Träumen gehabt. Dafür konnte ich jedoch keine Sekunde erübrigen. Mein bisheriges Leben hatte mich gelehrt, in der Gegenwart zu leben und diese zu nutzen. Ich verschwendete keine Zeit daran, mir Wunschträume auszumalen.
Eines Tages aßen die Kinder wieder Orangen und ich beobachtete sie dabei: Nachdem sie aufgestanden waren und die Orangenreste ins Gras geworfen hatten, verließen sie ihren Platz. Sobald Ruhe eingekehrt war, ging ich hinüber und sammelte alle Reste auf. Heute weiß ich, dass das nur die Schalen der Orangen waren – damals dachte ich nicht weiter nach und verzehrte sie genüsslich."
Das erste und für lange Zeit einzige Mal, dass Arthur Orangen verspeisen sollte, war an diesem Tag, als er sich über die Essensreste der reichen Stadtkinder hermachte, unwissend, dass es sich nicht um die Früchte handelte. Es war ihm nicht gestattet, länger über seine missliche Lage nachzudenken oder sich darüber zu beklagen, nicht annähernd so viel wie andere Kinder zu besitzen. Schon als kleines Kind musste er die Ungerechtigkeiten dieser Welt verstehen und verinnerlichen – um nicht daran zu zerbrechen, sondern sie zu seinem Vorteil zu nutzen. Wie bei diesem seltenen Mal, als er Orangenschalen im Glauben aß, sie wären die eigentliche Frucht. Dabei

ist es überhaupt befremdlich festzustellen, dass Opa als Kind meistens nur Essen im Kopf hatte. Dass er als Kind schon ans Überleben denken musste, während er einfach Kind hätte sein sollen.

„Eine weitere Kindheitserinnerung bezieht sich auf die Erstkommunion. Auch diese empfing ich zur Zeit, als ich noch beim Mösl war. Ein Schneider kam zu uns und nahm Maß, um mir ein neues Gewand zu schneidern, das mir nach Empfang des Sakraments als Geschenk überreicht werden sollte. Die Messe fand am frühen Vormittag anstelle der Schulmesse statt. Unmittelbar nach der Messe fanden wir ärmere Kinder uns im Widum ein, wo wir einen Kakao und ein Stückchen Kuchen zur Feier des Tages bekamen. Die reicheren Bauernkinder gingen entweder nach Hause, um dort festlich zu speisen, oder in ein Gasthaus, um sich dort bewirten zu lassen. An solche Unterschiede gewöhnte ich mich mit der Zeit und nahm sie einfach hin. Nachher kehrte ich nach Hause zurück, wo der Schneider mit dem neuen Gewand auf mich wartete. Ich wollte es anprobieren und stieg dafür auf einen Stuhl, um mich hineinzuzwängen. Leider hatte man es mir zu klein gemacht. Nach mehreren fehlgeschlagenen Versuchen geschah das Unglück: Ich fiel vom Stuhl und schlug mit dem Kopf auf dem Boden auf. Das Nächste, woran ich mich von diesem erfreulichen Feiertag erinnern kann, ist, wie ich Stunden später in meinem Bett aufwachte."

Für einen Menschen muss es unglaublich schwer sein, ständig aufs Neue enttäuscht zu werden. Über Jahre. Für ein Kind müsste es eigentlich noch schwerer und entmutigender sein, zumal es vollkommen unschuldig und nichtsahnend in diese Welt tritt. Dass Kinder trotzdem mehr von Gerechtigkeit verstehen als so mancher Erwachsene und deswegen nach Gleichheit streben, beweist das Verhalten meines Opas:

„Als ich sieben Jahre alt war, bekam ich eine einzigartige Gelegenheit: Verschiedene Bauern suchten einen Hirtenjungen, weil der eigentliche Hirte erst Tage später antreten sollte. Diese Möglichkeit ließ ich natürlich nicht verstreichen und meldete mich sofort, sodass ich mein erstes Gehalt verdiente – pro gehütete Kuh eine Lira. In der Summe reichte es aus, um eine Tasche voller Lebensmittel zu kaufen. Stolz überreichte ich diese meiner Ziehfamilie. Da war ich überaus zufrieden mit mir. Endlich konnte ich dazu beitragen, die Lage meiner Familie etwas zu bessern! Wenngleich es uns an anderen Dingen wie Kleidung und Unterstützung mangelte, hatten wir eine Zeit lang mindestens genug zu essen."

Opas Kindheit beim Mösl war geprägt von Armut. Liebe und Zuneigung erfuhr er dennoch. Es war die Aufmerksamkeit seiner Eltern, die ihn wahrscheinlich vor noch größerem Leiden bewahrte. Seine Zieheltern achteten gut auf ihn – was ihnen mit Opas Verlassen des Mösl nicht mehr möglich sein sollte. Arthur irrte fortan allein durch die Welt. Gelegentlich besuchte er seine Zieheltern noch, schützen konnte ihn von nun an niemand mehr. Es waren vor allem dieses Alleinsein Opas und seine Art, von manchen Etappen seiner Kindheit zu sprechen, die mich in den vielen Jahren mit ihm überaus Schlimmes vermuten ließen. Es war die Haltung zu einem Hof, auf dem er gearbeitet hat, die mich Unaussprechliches annehmen ließ. Lange Zeit waren es nur Vermutungen meinerseits, denn Opa zum Sprechen über Schmerzvolles zu bewegen, war seit jeher ein schwieriges Unterfangen. Nur vereinzelte Andeutungen hatte er in all den Jahren zuvor gemacht, die auch meiner Familie aufgefallen waren. In seinem letzten Jahr bei uns sollte es ihm dann doch gelingen, eine seiner schwersten Bürden zu teilen:

Es war nach Einbruch der Nacht an einem Frühlingstag im Jahr 2019. Ich saß neben Opa auf dem Sofa, während wir über sein Leben sprachen. Er lag da und wir wiederholten einiges, was mir bereits bekannt war. Ein Gefühl bemächtigte sich meiner, dass dies der ideale Zeitpunkt wäre, Opa nach schlimmen Erlebnissen zu fragen. Die Ruhe, die uns beide umgab, die Geborgenheit, die wir in der Anwesenheit des Gegenübers fanden, und die Ehrlichkeit, mit der wir uns gerade austauschten, schienen mir, als gäben sie Opa Kraft. Womöglich genügend Kraft, um über etwas zu sprechen, das er seit Jahrzehnten mit sich herumtragen musste.

„Was ist das Schlimmste, das dir je widerfahren ist?"

„Der Faschismus. Der Verlust meiner Kultur, unserer deutschen Identität."

„Der Faschismus hat dir ohne Zweifel vieles angetan. Da ist nichts schönzureden, nichts Gutes dabei. Wegen der Art, wie du über jenen Hof sprichst, befürchte ich aber, hier ist etwas noch Schrecklicheres, etwas noch Prägenderes, vorgefallen. Egal was es ist, du kannst mir alles anvertrauen. Es ist bei mir gut aufgehoben."

Opa erzittert leicht. Er liegt ausgestreckt auf der langen Seite des Sofas, während ich an der kurzen Seite neben seinem Kopf sitze. Meine Handfläche lege ich auf seine Haare, während ich ihm mit den Fingerspitzen langsam und gleichmäßig die Kopfhaut massiere, seine dünnen Haare etwas zerzausend. Lange Zeit verbleiben wir in drückendem Schweigen. Ich befürchte immer stärker, Opa hat etwas zu erzählen, sein stiller Rückzug und das In-sich-gekehrt-Sein, vollkommen untypisch für ihn, sind eindeutige Zeichen. Die Minuten verstreichen. Das sanfte Kratzen meiner Finger auf seinem Kopf scheint ihn immer wieder in die Gegenwart zu holen, während sich Teile seines Geistes zurückziehen und vor Schreck wieder auffahren. Er braucht Zeit, und die will ich ihm geben. Ich kann mir nicht vorstellen, in welch finsteren Winkel seiner Seele er diese Erfahrungen verbannt hat oder was überhaupt vorgefallen sein mag. Langsam, dennoch schneller als erwartet, spricht er:

„Ich war allein im Wald unterwegs, weil ich gerade hütete. Plötzlich kam ein Pilzsucher zu mir und nahm mich ein kleines Stückchen mit sich. Ich dachte mir nichts dabei und folgte ihm – ich hatte ja keine andere Wahl. Er stellte sich vor mich hin und zwang mich, ihn anzusehen und ihm zuzuschauen. Er zog sich aus und fing an, sich zu berühren."

Wiederum verstreichen stille Augenblicke. Augenblicke, die mein Opa braucht. Augenblicke, die auch ich brauche. Opa war damals acht. *Acht!* Und dieser Mann hat sich vor den Augen dieses unschuldigen, gutgläubigen Kindes berührt. Ob er Weiteres getan hat? „Nein, nein, ansonsten hat er mir nichts Schlechtes getan, er hat mich nicht einmal berührt. *Nur* zuschauen musste ich!"

Opa ist wieder aufgetaut. Er hat seine Stimme wieder vollkommen im Griff und spricht klar und deutlich. Das erstaunt mich. Wie kann er sich so schnell wieder fassen, nachdem er hiervon erzählt hat? Es wirkt fast so, als nehme er diesen Mann in Schutz, weil er *nur* wollte, dass Opa ihm zuschaute, und weil er ihn *nicht einmal* berührte. Kein Kind sollte Derartiges mitansehen müssen, und das weiß Opa. Warum nimmt er ihn also in Schutz? Musste er etwa noch mehr, noch finsterere Winkel der menschlichen Triebe kennenlernen?

Er wirkt auf mich erleichtert. Erleichtert, weil er diese Ungerechtigkeit teilen durfte? Vielleicht. Oder vielmehr erleichtert, weil er nicht über eine andere sprechen muss? Ich lasse ihm erneut Zeit, denke zwischenzeitlich über seine Haltung zum Hof nach: Er hat ihn fast ausschließlich schlecht in Erinnerung. Er, der immer das Gute zu sehen vermochte, soll nicht in der Lage gewesen sein, einem ärmlichen Hof etwas Gutes abzugewinnen?

Die Zeit verstreicht. Opa liegt noch immer in derselben Position da, meine Hand liegt noch immer auf seinem Kopf und meine Finger fahren ihm sanft durchs Haar. „Das ist schrecklich, Opa. Dich trifft keinerlei Schuld, das weißt du?" Nicken, Schulterzucken. „Menschen können Entsetzliches tun." Er nickt zögerlich, während eine Träne still über seine Wange läuft, obwohl er seine Augen zusammendrückt. Selbst die Träne wirkt so, als wolle sie keine Aufmerksamkeit erregen, als könne jemand, wenn sie zu laut wäre, das Geheimnis erblicken, das sie zu ertränken versucht. „Opa, lass los." Die Worte, die er nun spricht, sind von Unsicherheit und Angst überschattet.

„Da war dieser Fiaterer [Tierfütterer]. Er arbeitete auf einem Hof nebenan."

Die Worte kommen nur zögerlich über seine Lippen. Seine Augen hält er fest geschlossen, als könnte er so die marternde Erinnerung vertreiben. Es gelingt ihm nicht, weitere Tränen aufzuhalten, obwohl er die Augen lange Zeit nicht mehr öffnet.

„Er verbrachte die meiste Zeit im Stadel des Hofes, auf dem er arbeitete. Dorthin lockte er mich. Er hielt leckere Süßigkeiten und allerhand Versprechungen für mich bereit, bis ich nichtsahnend dort war."

Bevor er fortfahren kann, braucht er einige Zeit, die Ereignisse zu rekonstruieren – zu lange hat er sie im verborgensten Winkel seines Herzens verschlossen, damit sie niemals ans Tageslicht kämen. Er vergewissert sich mehrere Male, ob er mir das schon erzählen könne und dürfe, ob ich es schon wissen wolle und es bei mir gut aufgehoben sei. Als er versteht, dass ich mich seiner annehmen will, dass ich seine Geschichte ernsthaft hören will, fährt er langsam, stotternd, zitternd, fort:

Während er auf dem Hof arbeitete, sah er öfter diesen Fiaterer. Dieser lockte ihn regelmäßig mit den gleichen Methoden zu sich. Anfangs umarmte ihn dieser Mann im Stadel nur. Doch schon bald folgten unsittliche Berührungen. Diese konnte Opa überstehen, aber sogar ein Kind wie er wusste, dass sie nicht *normal* waren. Er wollte es so schnell wie möglich hinter sich bringen, und flüchtete sich in kindliches Vertrauen: Ein erwachsener Mann wisse wohl, wie man mit einem Kind umzugehen habe, wie man es berühren dürfe. Jahrelang muss Opa sich das eingeredet haben. Wie sollte er sich sonst diesem Gefühl erwehren, das ihn seit dieser ersten Berührung verfolgte und nicht mehr losließ? Ein Verdacht, der sich ihm schon beim ersten Mal aufdrängte, dass etwas Schreckliches geschah, das ihm nicht widerfahren dürfte. Dennoch ließ er es über sich ergehen, wohl hoffend, dass sein Verdacht unbegründet, ja einfach falsch sei und ihm niemand so etwas Schlimmes antun wolle.

Und so kam es, dass Arthur immer wieder in den Stadel ging und für sein Erscheinen stets ein paar Süßigkeiten geschenkt bekam. Auf die Süßigkeiten freute er sich anfangs, da er ansonsten ja nicht einmal davon zu träumen wagte, welche zu essen. Er merkte aber bald, was der Preis dafür war. Denn es blieb nicht nur bei den Umarmungen und Berührungen. Nach einigen Wochen zwang ihn der Knecht, sich auszuziehen. Seine Würdelosigkeit stieg noch weiter, und so begann er, sich selbst auszuziehen und Opa noch Abscheulicheres anzutun.

Den Namen des Verantwortlichen nimmt Opa nicht in den Mund. Dieses eine Mal, wo er ihn dennoch ausspricht, ist er mit bedrohlichem Hass und erschreckend viel Abscheu verbunden – kein anderes Wort ließe Schlimmeres vermuten. Der Hass auf diesen Mann ist jedoch schon lange schrecklichem Schmerz gewichen; die Verachtung dieser Würdelosigkeit ist schon lange der Bewahrung der eigenen Würde gewichen. Und dem Ekel ist Trauer um das unschuldige Kind gewichen, das er war, dem das alles nie hätte passieren dürfen.

„Dieser Mann hat getan, was man einem Kind niemals antun sollte!" Was vorgefallen war, verschwieg Opa, solange es ging. Es war etwas für ihn Unaussprechliches, in seinen Augen und leider in den Augen vieler eine Schande, an der er fälschlicherweise zu lange selbst schuld zu sein glaubte. Eine Schande, über die zu sprechen ihm in seiner Kindheit und Jugend nicht erlaubt war. Man hatte damals Stillschweigen zu bewahren, sonst hätte das Dorf schlecht von einem gedacht.

Die Verzweiflung, in der er sich so oft befand, gab er nicht weiter. An niemanden gab er absichtlich etwas Schlechtes weiter. Er verstand, dass all jenen, die Schlechtes taten, wahrscheinlich selbst Schreckliches widerfahren war. Zwar entschuldigte er niemanden, er versuchte aber zu verstehen. *Wie muss es im Inneren eines Menschen wohl aussehen, der einem Kind Derartiges antun kann?* Dadurch war er imstande, der Welt zu vergeben, ihr zu verzeihen, jedoch nicht zu vergessen. Dies gab ihm die Kraft, die Zukunft der Welt in seine Hände zu nehmen und nicht im Treibsand der Vergangenheit zu versinken.

Allmählich beginne ich zu erahnen, wie viel Leid ihm widerfahren ist und welche Schrecken dieses unverzeihliche Verbrechen mit sich gebracht hat. Als Kind war es Opa nicht erlaubt gewesen, darüber zu sprechen, mit den Jahren hätte er sich allerdings durchaus jemandem anvertrauen können. In jenem Moment, wo ein Mensch über seine Qual sprechen kann und verstanden wird, wird ihm klar, dass er nicht alleine ist, dass diese Qual nicht allmächtig ist.

Nachdem Opa sich beruhigt hat, schaut er fragend auf, weil ich in der Zwischenzeit unbewusst damit aufgehört habe, ihm über den Kopf zu streichen. Sogleich fahre ich fort und seine Atmung geht wieder flacher, seine Tränen trocknen, sein Körper gewinnt wieder an Spannung. Ich selbst kann mich nur schwer fassen, der Eindruck, den Opa gerade auf mich gemacht hat, ist zu deutlich. So gequält habe ich ihn noch nie gesehen. Er beschließt, ins Bett zu gehen, und es scheint, als hätte er sich wieder völlig im Griff. Bewundernswert, diese Widerstandsfähigkeit. Während er den Raum verlässt, muss ich immer wieder an seine Worte denken, die er in zahllosen Gesprächen über seine Kindheit aussprach:

„Und, was willst du tun, wenn du ganz alleine bist und niemanden hast, zu dem du etwas sagen kannst? Du könntest auch zu einem schlechten Menschen werden, weil dir nie etwas anderes beigebracht wurde, weil dir nie ein anderer Weg aufgezeigt worden ist. Aber es gibt einen anderen Weg – und den habe ich gefunden."

Selbstbehauptung

„Ich habe überall Kollegen!"

Opa als Austräger in der Bozner Museumsstraße

Am liebsten erzählt Opa von seiner Kindheit, die Geschichten scheinen ihm nie auszugehen. Und wenn dem doch so ist, erzählt er einfach eine bereits bekannte erneut. Zuhörer können bei jeder einzelnen seinen Stolz heraushören, der vom Bestehen großer Widrigkeiten herrührt. Seine Kindheit war alles andere als unbeschwert, geprägt von gesellschaftlicher Ächtung und wiederholten Ortswechseln. Weiters machte ihm die Armut zu schaffen, die ihn von Unterkunft zu Unterkunft verfolgte. Der Unterschied zwischen allgemeiner gesellschaftlicher Geringschätzung oder Heimatlosigkeit und Armut lag für ihn darin, gegen Letztere persönlich etwas unternehmen zu können. So lernte Arthur bereits in jungen Jahren, wie man sich seinen Platz in der Gesellschaft erkämpft. Das Gelingen dieses Unternehmens ist der Grund für seine meist selbstbewusst widerhallende Stimme beim Erzählen aus seinen Kinderjahren:

„An Freunden mangelte es mir nie. Das lag daran, dass sie wussten, mich rufen zu können, wann immer sie in Schwierigkeiten geraten waren. Aus diesem Grund geriet ich in jungen Jahren in viele Raufereien. Ich klärte die Angelegenheiten meiner Freunde und ließ mir dabei von niemandem etwas gefallen, denn ich war ein kräftiger Junge, der wusste, wie man sich wehrt! Schon auf dem täglichen Schulweg war meine Kraft gefordert, weil mein Freund, ein reicher Bauernsohn, mit anderen stets irgendwelche Konflikte am Laufen hatte. Sein Problem lag nun darin, dass er diese nie alleine bewältigen konnte. Also stand ich ihm zur Seite und löste die Schwierigkeiten. Die tägliche Arbeit hat mich gestärkt, mein Körper tat mir gute Dienste!

Und für meine guten Dienste entlohnte man mich. Die Eltern dieses Freundes besaßen ein Geschäft im Dorf, das allerhand Waren führte. Da kam es natürlich gelegen, beim Sohn des Besitzers einiges gutzuhaben. Ihm war es nämlich erlaubt, ins Geschäft zu spazieren und mitzunehmen, was sein Herz begehrte. Somit konnte ich bei ihm bestellen und er besorgte es mir. An ein Geschenk erinnere ich mich ganz besonders: Hosenträger der Marke ‚Herkules‘. Das war die damals beste Ware auf dem Markt und dementsprechend kostspielig. Du kannst dir denken, was ihr Tragen in mir bewirkte. Ab dem Moment, in dem sie mir übergeben wurden, zog ich sie an und anschließend lange Zeit nicht mehr aus, nicht einmal nachts! Der Besitz dieses Kleidungsstücks ließ meine Brust anschwellen und mich erhobenen Hauptes durchs Dorf spazieren, damit jeder sie bestaunen konnte.“

Diese Form des Wohlstandes, selbst erarbeitet und redlich verdient, sicherte meinem Opa für kurze Zeit die Blicke derer, die er womöglich tagtäglich wegen ihres Reichtums bewunderte und beneidete. Wegen ihrer Familien. Wegen ihres Essens. Vielleicht allein schon wegen ihrer Kleidung.

Wollte man seinen damaligen Alltag mit heute vergleichen, könnte man sagen: Arbeit war sein persönliches Workout, also das, wofür wir heute ins Fitnessstudio gehen. Mit dem Unterschied, dass er anstelle des Bankdrückens und Gewichthebens kiloweise Holz oder zentnerschwere Mehlsäcke schleppen musste und seine Ausdauer nicht auf dem Laufband, sondern auf dem Feld trainierte. Seinen Körper entwickelte er so zu einem nützlichen Werkzeug, das ihm dabei half, seinen Platz zu behaupten. Doch auch eines seiner Talente verstand er weidlich zu nutzen:

„Schon als kleiner Bub begann ich mit dem Handel. In der ersten Klasse der Grundschule fing ich damit an und entwickelte mich ständig fort. Tiere wurden schon bald meine primäre Handelsware. Hauptsächlich zog ich Schafe, Hasen und Hennen auf, um sie anschließend gegen etwas anderes einzutauschen. Mein Geschäft florierte über Jahre. In der folgenden Zeit änderte sich die Nachfrage etwas und wurde größer, weshalb ich mich anpassen musste, mein Sortiment erweiterte und mehr Zeit investierte: Manches Mal schwänzte ich die Schule, um mit einem Freund ins benachbarte Tal aufzubrechen. Dort pflückten und sammelten wir bestimmte Pflanzen, die geraucht werden konnten und bei allen Schülern beliebt waren. Dafür erhielt ich dann belegte Brote oder andere Dinge wie etwa Farben, die ich wiederum weitertauschte."

Ich finde es erstaunlich, wie vielfältig der Mensch sich zu helfen versteht, wenn die Not es erfordert. Der Kreativität sind bekanntlich keine Grenzen gesetzt, die Möglichkeiten des Einzelnen sind trotzdem beschränkt. Jeder Mensch kann bis zu einem gewissen Grad autonom sein und ist trotzdem hin und wieder auf Hilfe angewiesen. Das Beispiel meines Großvaters zeigt eindrücklich, dass auch höchst unabhängige Menschen manchmal der Hilfe bedürfen:

„Als ich als Sechzehnjähriger beim Köchel arbeitete und lebte, hatte ich einen guten Freund, den zwei Jahre älteren Learner Luis, den ich aus der Schule kannte. Er war ein Bauernsohn und er wusste um meine dürftige Ernährung. Deshalb wollte er mir regelmäßig etwas zu essen schenken, was seine geizige Mutter jedoch verbot. Trotzdem fand er einen Weg: Pünktlich zum Einbruch der Nacht stand ich unter seinem Haus und er warf mir einen aus dem Vorrat seiner Mutter gestohlenen Laib Brot zu. Dafür bin ich ihm seit jeher unendlich dankbar!"

Die Intensität, mit der sich Opa an diese Tat erinnert, zeigt mir, wie wertvoll jede Freude und Achtsamkeit ist, die man in die Welt entlässt. Ein ganzes Leben später erinnert er sich noch daran, als wäre es erst geschehen. Die Bedeutung einer guten Tat, mag sie auch noch so unscheinbar anmuten, lässt sich nicht einschätzen.

„Aufgrund der bitteren Armut, die wir beim Mösl litten, war ich immer wieder gezwungen, mir mein Essen anderswo zu besorgen. Die Hilfe mancher Freunde war Gold wert, vertrieb den Hunger aber nur für kurze Zeit. Deshalb hielt ich meine Augen stets offen und bereitete mich vor, eine Gelegenheit am Schopf zu packen, wenn sie sich böte. Eine sollte sich dann auch bieten: Als ich ungefähr sieben Jahre alt war, bemerkte ich, dass die Bewohner des Tschuaggen-Hüttels ihren Hunden jeden Tag Knochen mit dranhängenden

Fleischresten vom Fenster aus zuwarfen. Sobald ich das verstanden hatte, war ich, von Hunger getrieben, in der darauffolgenden Zeit – vielleicht waren es gar Jahre – immer vor Ort, um meinen Anspruch geltend zu machen. Zu Beginn musste ich mir meinen Platz unter den Hunden erkämpfen, was mir schon bald gelang, sodass die Hunde anschließend davon abließen, mir meine ergatterten Essensreste streitig zu machen. Dies führte so weit, dass sie sich an mich gewöhnten und wir uns regelmäßig ein Mahl teilten. Ja, sie kannten mich gut und mochten mich gern!"

Es ist schwierig, die Dramatik dieser Geschichte darzulegen, ohne ins Pathetische zu verfallen, denn davon war Opa weit entfernt. Wenn man darüber nachdenkt, erkennt man allerdings die erschreckende Wahrheit: Arthur musste unter Tieren sein Recht behaupten. Denn die Reste, die andere wegwarfen, ließen ihn etwas besser leben.

„Gekämpft habe ich viele Jahre lang, natürlich zählen dazu auch Raufereien in Dorfkneipen. 1956, kurz nach unserem Umzug nach Welschnofen, kam es mal zu so einer: Sowie ich zum ersten Mal ins Dorflokal ging, wurde ich von einem der Anwesenden blöd angemacht: ‚Habt ihr Hessen [Deutschnofner] bei euch nichts mehr zu fressen, dass ihr zu uns kommt?‘ Das konnte und wollte ich mir natürlich nicht gefallen lassen, weshalb ich kurz angebunden antwortete: ‚Wenn irgendeiner hier etwas von mir will, dann gehen wir vor die Tür!‘ Da war der andere auch schon draußen und ich dachte mir: ‚Was hast du nur getan?‘ Schließlich war ich alleine in einem fremden Dorf in augenscheinlich hoffnungsloser Unterzahl! Weil ich ein Mann des Wortes bin, machte ich mich wider alle Zweifel auf und ging ebenfalls hinaus. Noch bevor ich überhaupt ganz draußen war, saß mir mein Gegner bereits im Nacken. Da ich auch als Erwachsener recht kräftig war, zögerte ich nicht und wirbelte ihn teuflisch herum! Indes machte ich mich bereit, von anderen Dorfbewohnern angegriffen zu werden, die sich den Kampf zu vielen anschauten. Sie begnügten sich allesamt jedoch mit dem

Zuschauen, was mich sehr erstaunte, mir aber klarerweise recht
war. Deshalb dauerte es nicht lange, bis ich den Kampf gewonnen
hatte. Abschließend sahen wir beide uns an und ich entschloss: ‚So,
und nun gehst du mit mir hinein etwas trinken!‘ Der Gefährte nahm
dieses Angebot gleich an und wir begaben uns wieder ins Lokal, um
anzustoßen. Das Übel war damit aber noch nicht abgewandt, wie
man meinen könnte: Zwei in der Kneipe sitzende Carabinieri waren
auf mich aufmerksam geworden, kamen auf mich zu und befahlen:
‚Adesso vieni in caserma con noi!‘ Auch nach all den Jahren regt
mich ihr Verhalten unfassbar auf, weil sie den ganzen Tag nur in der
Bar saßen und Mädchen anschauten, obschon sie das im Dienst
nicht hätten tun dürfen! Dennoch blieb mir nichts anderes übrig,
als zu gehorchen und ihnen in die Kaserne zu folgen. Dort mussten
sie zuallererst den Maresciallo wecken, da es bereits spät am
Abend war und nur er mir eine Strafe hätte ausstellen dürfen. Während ich also auf ihn wartete, zog ich den Gürtel und die Schuh-
bänder aus, weil man diese in einer Zelle, in die gesteckt zu werden
ich mir sicher war, nicht tragen durfte. Bald kam er auch schon und
sah mich verdutzt an: ‚Arturo, cosa fai qui?‘ Man muss wissen, wir
kannten uns, da ich ihm bei einem Umzug behilflich gewesen war,
weshalb er mir wohlgesinnt war. Nach Klärung der Umstände entschied er, ich dürfe nach Hause gehen. Ich zog mich also an und
während ich mich dem Ausgang zuwandte, sagte ich noch zu ihm:
‚Nach Hause gehe ich nicht. Ich gehe dorthin, von wo ich gekommen bin. Ich kehre in die Bar zurück!‘“
Abschließend ist zu erwähnen, dass aus Arthurs Streitpartner anschließend sein „bester Freund“ (einer von vielen) wurde.
Das Leben bietet einem Menschen viele Möglichkeiten, seinen
Platz zu behaupten, und die Wege, um Anerkennung und Stand-
haftigkeit zu erreichen, sind mindestens genauso vielfältig:
„Indem ich in meiner Jugend und in den ersten Jahren als Erwach-
sener immer nur gearbeitet und kaum etwas vom verdienten Geld

ausgegeben hatte, hatte ich nach bestandener Führerscheinprüfung und Beendigung der Zeit beim italienischen Militär, also um das Jahr 1950, noch etwas Geld übrig. Ich wusste genau, wozu ich es verwenden wollte. Also begab ich mich auf die Suche nach einem Auto. Vor den Toren eines Autohändlers traf ich dabei zufällig einen Brixner Tierarzt, der gerade seinen Fiat 1100 verkaufen wollte. Wir kamen ins Gespräch, wobei er mich mehrmals fragte: ‚Gefällt dir das Auto?‘ Ich bejahte. ‚Wenn es dir gefällt, dann verkaufe ich es dir und nicht dem Händler. Ich gebe es dir um denselben Preis, den mir der Händler geboten hat. Bist du damit einverstanden?‘ An den genauen Preis kann ich mich nicht mehr erinnern, aber er passte ungefähr in mein Budget und wir schlossen den Handel ab. Zumal ich nicht imstande war, alles gleich zu bezahlen, versicherte er mir: ‚Du musst mir das Geld nicht sofort geben, zahl, sobald du kannst.‘ Er vertraute mir voll und ganz und fuhr nach abgeschlossenem Handel zurück nach Brixen. Dieses Geschäft verschaffte mir also ein Auto. Und so fuhr ich als erster Deutschnofner nach dem Bürgermeister in einem Auto herum. War das eine Genugtuung! Die Schulden versuchte ich schnellstmöglich zu begleichen, weshalb ich in den folgenden Monaten mehrmals nach Brixen fuhr, um dem Tierarzt sein Geld zu bringen. Schon bald hatte ich sie auch abbezahlt, wenngleich mein Verkäufer öfters meinte, die Zeit eile nicht und ich müsse ihm das Geld nicht so schnell zurückgeben. Aber mir war der Gedanke zuwider, jemandem etwas zu schulden. Deshalb versuchte ich ein Leben lang, meine Schulden immer schnellstmöglich loszuwerden."

Der Grund, warum ich diesen Teil der Geschichte meines Großvaters in dieses Kapitel aufgenommen habe, ist der, dass dieses Ereignis einen Wendepunkt in seinem Leben darstellt: Seine Lage wird besser, er kann materiellen Reichtum anhäufen und sich so auch die Anerkennung derer holen, die mehr auf Schein als auf Sein bedacht sind. Diese Phase ist wahrscheinlich die erste seines

Lebens, in der er nicht mehr dem Fortschritt hinterherhinken muss und der Letzte sein muss, der etwas besitzt. Nein. Er ist der *Erste*. Was mag es wohl für ihn geheißen haben, erstmals etwas *mehr* zu besitzen als die großen Bauern, von denen ihn manche jahrelang verachtet haben? Was mag es ihm wohl bedeutet haben, etwas *Neueres*, vielleicht *Wertvolleres* zu besitzen als jene, die ihm jahrelang seine vermeintliche Wertlosigkeit vor Augen geführt haben?

Ein für mich äußerst interessanter Aspekt ist das erstaunliche Maß an Vertrauen, das der Tierarzt Arthur entgegenbrachte. Ich weiß nicht, ob Menschen früher einander eher vertrauten als heute, aber ein solches Verhalten sucht heute mit Sicherheit seinesgleichen.

Wie im Laufe der bisherigen Erzählung vielleicht deutlich geworden ist, versuchte mein Opa von Kind an alle Menschen von sich zu überzeugen, ihnen seinen Wert zu beweisen. Oft musste er sich jedoch eingestehen, dass die Leute ihn eher für die Umstände seiner Geburt als für sein Wesen bewerteten. Er musste nicht selten erkennen, dass es ebendiesen Umständen geschuldet war, dass er für manche Leute lebenslang ein Geächteter sein würde. Schmerzvoll erinnert er sich als Neunzigjähriger daran, wie er sogar noch als erwachsener, gestandener Mann für den vermeintlichen Fehltritt seiner Eltern büßen musste:

„Als ich rund siebzig Jahre alt war, fand in Leifers die Beerdigung eines in Deutschnofen aufgewachsenen, später in Leifers lebenden Mannes statt. Diesen kannte ich gut, da er ungefähr im gleichen Alter wie ich gewesen war, wir also in dieselbe Schule gegangen waren. Einige Deutschnofner aus meiner Generation, die ich alle kannte, erschienen zur Beerdigung. Im Anschluss an diese lud ich sie in meinen Keller, den noch heute allerlei ausgestopfte Tiere schmücken, zu einem Schmaus ein. Ich führte sie also zu mir nach Hause und auf dem Weg dorthin wurde viel gesprochen und erzählt. Einer der Deutschnofner fragte dann einen anderen plötzlich und laut genug, dass man es hören konnte: ‚Ach, gehen wir also zu diesem Ledigen?' Er behandelte mich genau so, wie ich in der Kindheit aufgrund meiner unverheirateten Eltern behandelt worden war, für ihn hatte sich nichts geändert. Für mich hingegen schon, denn ich war mittlerweile erwachsen, ja alt, und um kein Wort verlegen. Aus diesem Grund antwortete ich ihm unmittelbar: ‚Nein, mach dir keine Sorgen, ich bin schon verheiratet!' Ohne dem etwas hinzuzufügen, ging ich weiter, bald hatten wir mein Haus erreicht. Dort versorgte ich sie mit Speis und Trank, so lange, bis es graute und wir uns verabschiedeten. Ach, was solls?"

Lächeln.

Das Leben hat meinen Großvater zur Schlagfertigkeit erzogen. Denn geschlagen hat es ihn oft, und er hat gelernt, darauf vorbereitet zu sein. Diesen Vorfall konnte er mit Humor nehmen, im Kopf blieb er ihm dennoch für den Rest seines Lebens. Was sagt Opas Reaktion auf die Aussage dieses oberflächlichen Mannes über ihn selbst aus? Was heißt es, seine Verletzbarkeit solchen Menschen, die danach lechzen, nicht zu zeigen und ihnen diese Genugtuung nicht zu gönnen?

Überhaupt: Was bedeutet es für einen Menschen, seinen Platz in einer Gesellschaft, die einen verstoßen will, erfolgreich zu behaupten?

Mutterliebe

„Meine Mutter hat mich verschenkt!
Doch sie hatte keine Wahl. Und auch
ich bin aufgewachsen; habe das nicht
einmal so schlecht hinbekommen!"

Opas Ziehmutter, 1947. Auf der Rückseite dieser Aufnahme findet sich, von Opa vermerkt, die Aufschrift „Mutter!"

Opas leibliche Mutter, 1947

„Meine leibliche Mutter hatte damals als Teil der Gesellschaft keine andere Wahl, als mich wegzutun. Sie konnte es sich nicht erlauben, mich anders zu behandeln als der Rest der Gesellschaft: Sie musste mich verstoßen."

Zu Beginn meiner Gespräche mit Opa kam seine Mutter mir eher wie eine Dame vor, die aus purer Gleichgültigkeit Opa schon nach zehn Tagen weggab. Ich vermochte es nicht zu verstehen, wie eine Mutter ihren Sohn einfach so verlassen kann. Die Vorstellung, von der leiblichen Mutter weggegeben zu werden, ging mir nahe. So nahe, dass ich unbewusst dazu überging, die Ursache jedes mir unbekannten Schmerzes meines Opas dieser Trennung zuzuordnen. Vor der Zeit tiefergehender Gespräche mit ihm schien mir die Erklärung einleuchtend: Opa litt im Stillen fast ausschließlich wegen seiner Mutter, die ihm ihre Liebe vorenthalten hatte. Dies prägte ihn für sein restliches Leben. Es war mir nicht möglich, seine Geschichte etwas differenzierter zu betrachten. Meine Überlegungen liefen wie folgt: „Verständnis dafür zu erlangen, dass die eigene Mutter ihren Sohn nach gerade einmal zehn gemeinsam verbrachten Tagen schon weggibt, scheint unmöglich. Die Leere, die seine Mutter mit ihrem Verlassen zurückgelassen hat, existiert sogar neunzig Jahre später noch. Sie ist nicht mehr so finster und gähnend, durch die Liebe anderer konnte sie zum Teil gefüllt werden, doch ist der Abschied seiner Mutter, ihr Verlassen, bevor er sie überhaupt kennenlernen durfte, ihr Verschwinden, bevor er sich in ihren Armen geborgen fühlen durfte, ein so schmerzhaftes Lebewohl, ein so unumkehrbarer, zeitloser Schmerz, dass kein Ereignis, keine Liebe ihm diesen verlorenen Teil vollends zurückgeben könnte. Ein Kleinkind, das vollkommen unschuldig, schutzsuchend in diese Welt geboren wird, hat doch zuallererst ein Recht auf Liebe. Wie quälend muss es dann für ein solches sein, gleich zu Beginn die wahrlich wichtigen Dinge des Lebens zu vermissen: Liebe, Zärtlichkeit, Wärme, Geborgenheit?"

Um diese Ansicht nachvollziehen zu können, sind einige Informationen zu Opas Geburt und frühester Kindheit nötig:

Geboren wurde Opa am 3. Juli 1928 in Bozen. Seine Mutter: eine zarte, junge Frau, deren Eltern bereits verstorben waren, die ihm als alleinstehende Dreiundzwanzigjährige das Leben schenkte. Er: ein 5,6 Kilogramm schwerer Brocken, auf den Namen Arturo getauft. Nach zehn Tagen gab sie ihn dem Postboten mit nach Deutschnofen, wo er in einer Ziehfamilie aufwachsen sollte.

In Opas frühesten Ausführungen der Geschichte seiner Geburt fehlte es mir an Details, die ich nicht vermisste, deren Wichtigkeit ich mit der Zeit aber erkannte. Einerseits waren meine damaligen Überlegungen wahrscheinlich teilweise berechtigt: Ein zehn Tage altes Kind – jedes Kind – hat ein bedingungsloses Recht auf Liebe und Geborgenheit. Dass ein solches von der Mutter weggegeben und einem Postboten anvertraut wird, der es in die Hände irgendwelcher Leute geben soll, schien mir äußerst verwerflich. Andererseits hatte ich noch nicht versucht, die Lage der Mutter nachzuvollziehen.

Im Laufe der Jahre erfuhr ich mehr über sie und auch die von Opa erzählte Geschichte gewann an Tiefe: Während er sich in früheren Gesprächen fast nur darüber beklagte, dass seine Mutter ihn verschenkt hatte, kamen in der Zeit darauf stetig neue Facetten von ihr ans Licht. Diese Facetten sollten es mir später ermöglichen, erstaunt und bedrückt auf das Leben und Schicksal meiner Urgroßmutter zu blicken. Auf den kleinen Teil zumindest, der mir bekannt ist:

Amalia, so ihr Name, hatte in Leifers einen Mann kennengelernt, mit dem sie eine Nacht verbrachte. Ob es etwas Längerfristiges war, weiß ich nicht, nur dass aus dieser Verbindung der kleine Arthur entstehen sollte. Moralisch gesehen liegt in meinen Augen an der Geschichte nichts Verwerfliches, aus Sicht des katholischen Glaubens schon. So war die voreheliche Verbindung der beiden eine

Sünde, der Sohn Arthur in den Augen der Gesellschaft eine Schmach. Dieser Akt der Liebe bzw. menschlichen Freude sorgte dafür, dass mein Opa leben durfte – und dass sowohl er als auch seine Mutter (vom Vater fehlt jegliche Spur) ein Leben lang von ihrer *Sündhaftigkeit* gezeichnet sein sollten. Wobei die Mutter, neben Opa, das große Opfer der Geschichte ist. Vielleicht sogar ein noch größeres als Opa. Man stelle sich die Schwierigkeiten vor, mit denen auch noch heute alleinerziehende Mütter zu kämpfen haben, und rechne dann gesellschaftliche Ächtung und keinerlei Hilfe dazu. Kann es wirklich sein, dass einem ein ganzes Leben lang Steine in den Weg gelegt werden, weil man *liebte?*

*

„Ich wuchs ohne meine leibliche Mutter auf. Bei meinen Zieheltern erging es mir dennoch gut. Mindestens so gut, wie sie es sich erlauben konnten. Sie waren nämlich bettelarme Leute, die mich für einen kleinen Zusatzverdienst angenommen hatten, der jedoch schon nach zwei Monaten ohne Erklärung ausbleiben sollte. Trotzdem behielten sie mich bei sich. Ich wuchs ärmlich auf, aber sie waren gute Menschen. In diesen Jahren kam ich dennoch nicht um die Frage umhin, warum ich nicht bei meiner leiblichen Mutter sein durfte, sondern nur bei fremden Leuten. Meine Zieheltern gaben sich viel Mühe, weshalb ich heute sagen kann: Meine Ziehmutter ist meine eigentliche Mutter!

Nachdem ich meine Ziehfamilie schon früh verlassen hatte und nach vielen Stationen als junger Erwachsener zum Hof deiner Oma Rosa gekommen war, hat sich eine neue Familie für mich aufgetan. Ich schaffte es, Rosas Mutter von meiner Tüchtigkeit zu überzeugen – der Vater war bereits gestorben –, Rosas Herz zu gewinnen und der Mutter ganz besonders zu schmeicheln. Sie hatte mich gern. Vor allem, weil ich im Wald des Öfteren Eichhörnchen für sie schoss, die sie gernhatte. Ja und mich, mich hatte sie sehr gern!"

Der Zuspruch, der ihm von Omas Mutter entgegengekommen war, machte ihn lebenslang glücklich. Wenn er hiervon im Alter berichtete, schien es mir immer so, als wäre die Liebe von ihr zu ihm eine kleine Wiedergutmachung für die als Kind nicht erhaltene Achtung seiner eigenen Mutter gewesen. Die Art und Weise, wie er von Rosas Mutter erzählte, wirkte auf mich, als wäre es für ihn eine Art Bestätigung dafür gewesen, dass ihn seine leibliche Mutter genauso lieben hätte können und genauso geliebt hätte.

„Als Erwachsener geschah es dann, dass ich über Cousinen von mir und allerlei Verwandte eine innigere Beziehung zu meiner leiblichen Mutter aufbaute. Wir sahen uns fortan öfter und konnten die alte Zeit ruhen lassen. Sie war ein angenehmer Mensch, und sogar meine Kinder lernte sie kennen! Diese durften also eine Oma haben. Mich stimmte es fröhlich, dass wir zueinandergefunden hatten. Sie arbeitete lange Zeit auf dem Enzenberger Hof in Terlan beim Grafen, anschließend zog sie wegen der Option nach Innsbruck. Ach, die Option! Was für eine Geschichte. Später mehr dazu, nun weiter zu meiner Mutter: In Innsbruck verwaltete sie als Hausmeisterin einige Wohnungen des Grafen. Sie war dafür verantwortlich, die Mieten einzuholen und nach den Wohnungen zu schauen. Im Gegenzug für ihre Arbeit wurde ihr vom Grafen eine Wohnung gegeben. Dieser war ihr zugetan, und jedes Mal, wenn ich sie in Innsbruck besuchte und ihn antraf, sah er sie an und ermahnte mich liebevoll: Das ist meine Mutter! Er hatte sie so gern, dass sie eine Mutterfigur für ihn darstellte, und ich freute mich für sie, dass sie endlich ihren Platz gefunden hatte.

Meine Kindheit war sehr schwer, daran ist auch das Fehlen meiner leiblichen Mutter schuld. Wie gesagt: Sie hat mich verschenkt. Trotzdem bin ich aufgewachsen – und habe es nicht einmal so schlecht hinbekommen!"

Mit diesem Problem ist Opa in seinem Leben bemerkenswert gut zurechtgekommen. Je älter er wurde, desto öfter erwähnte er es, ließ sich davon aber nie allzu sehr herunterziehen. Mit zunehmender Tiefgründigkeit der Gespräche und den richtigen Fragen ist es mir nach und nach auch gelungen, Opas Sichtweise auf die Entscheidung seiner Mutter herauszufiltern:

„Ihre damalige Lage war sehr kompliziert. Genaueres weiß ich zwar nicht, doch ihre Entscheidung kann ich verstehen. Lange habe ich mich nach dem Grund gefragt. Schlussendlich muss ich sagen: Meine Mutter trifft keine Schuld! Zu schwierig war ihre Lage. Zu erbarmungslos die Gesellschaft. Als ich ihr, hauptsächlich in Innsbruck, näherkommen konnte, war ich einfach nur froh, dass sie es gut hatte. Wieso sollte ich auch Zorn auf sie verspüren? Sie war bei meiner Geburt selbst eine arme Frau!"

Diese Einsicht sollte Anerkennung finden: Opa hat es geschafft, seine Mutter von jeglicher Schuld in Bezug auf seine missliche Lage freizusprechen. Einzusehen, dass er weggegeben werden musste, war eine Mammutaufgabe. Eine, die ihn zeitlebens verfolgte, die er stets angenommen hat. Eine, die ihn menschlich wachsen ließ.

Opa hatte eine überaus schwere Kindheit und verstand schlussendlich, dass ihn seine leibliche Mutter schon so früh weggeben musste. Eine Tatsache, die schmerzt, doch noch nicht einen Bruchteil der möglichen Gefühlslage von Opa wiedergibt: Sein Leben lang, vorwiegend in der Kindheit, wurde er wegen seiner Herkunft und seiner Eltern ausgeschlossen und angegriffen. Wächst da in einem Menschen nicht langsam Wut auf diejenigen, die dafür verantwortlich sind? Schließlich war seine Geburt nicht sein *Fehler*, sondern – wenn überhaupt – der seiner Eltern. Wie fühlt es sich für ein Kind an, wenn die eigentlichen Eltern spurlos verschwunden bleiben, während man sich durch die Weltgeschichte kämpfen muss? Wie schwer fällt einem das Nachvollziehen der Lage der *Schuldigen*, vorausgesetzt, man erachtet es in all dem Schmerz überhaupt als relevant?

„Nach dem Tod meiner Mutter fuhr ich nach Innsbruck, um meinen
Teil des Erbes, also einen Teil ihres Ersparten, einzuholen. Ich war
aber zu spät da, jemand anderes hatte bereits alles abgeholt. Das
störte mich nur wenig. Mit dem Losungswort fürs Erbe machte sie
mir eine weitaus größere Freude. Es lautete: Arthur."
In all den Jahren schaffte Opa es, seine Mutter zu verstehen, ihr
sogar zu verzeihen und zur Einsicht zu gelangen, nicht am Versagen
und Leid seiner Eltern schuld zu sein. Er litt ein Leben lang darunter, doch gab es einen Ausspruch, den er in solchen Gesprächen
beinahe gebetsmühlenartig wiederholte, der sein Verständnis und
seine Weisheit unterstrich:
„Ich bin ein Kind der Liebe, nicht der Pflicht."

Wer ist Heimat?

Was mag Oma für Opa bedeutet haben? Wie könnte er sie gesehen haben? Vielleicht so:

„In ihren Augen liegt eine Ruhe,
der ich vertraue.
In ihren Bewegungen eine Beständigkeit,
auf die ich baue.

Die Worte,
die sie zu mir spricht,
selbst im Dunkel
wie hellstrahlendes Licht.

Wir mögen unsere Differenzen haben,
das Fundament ist uns dennoch gemein.
Nicht immer bereit, sich dem anderen zu
    offenbaren,
gehen wir stets miteinander – nie allein."

Hochzeitsfoto meiner Großeltern, 1952

„Als ich ungefähr fünfzehn Jahre alt war, begann ich das Leben immer mehr zu genießen – natürlich immer im Rahmen des Möglichen, die Arbeit erledigte sich schließlich nicht von selbst! Damals hatte ich einen guten Freund, Toni. Er wohnte nur rund dreihundert Meter von mir entfernt. Abends arbeitete er in einem Lokal, dem Sternwirt, sodass er täglich erst spätnachts nach Hause kam. Der Heimweg führte ihn an meinem Haus vorbei. Das wollte ich nutzen, um ihm einen Streich zu spielen und so etwas Farbe in den Alltag zu bringen. Aus diesem Grund gab ich vor seinem Erscheinen dem Bauern, der Bäuerin und der Magd Bescheid und schlich mich auf die Wiese unter dem Haus. Ich hatte ein Leintuch mitgebracht, in das ich mich einwickelte und dann hockend meinen Freund erwartete. Die Bauern und die Magd standen gespannt vor

dem Haus, als Toni des Weges kam und in einiger Entfernung vor
mir stehen blieb. Er hatte mich also gesehen! Weil er aber nicht
ausmachen konnte, was da in der Wiese war, ging er mutig weiter
und geradewegs auf mich zu. Sobald er nahe genug an mich heran-
getreten war, sprang ich, gänzlich in Weiß gehüllt, auf und erschreckte ihn mit lautem Gebrüll. Er bekam einen Riesenschrecken und
rannte so schnell wie möglich davon. Auf seiner Flucht sprang er
sogar über einen Graben und lief schnurstracks Richtung Haus.
Mein Publikum verfolgte das Schauspiel mit schallendem Gelächter. Ein Holztrog erwartete meinen Freund als nächstes Hindernis.
Mutig und bedenkenlos nahm er auch diese Hürde – er hatte ja
einen echten Geist gesehen –, bis er sein Haus erreicht hatte und
sich darin versteckte. Die Zuschauer und ich lachten noch lange
über diesen Vorfall."
Wie so oft, wenn Opa dies erzählt, muss er am Schluss lauthals
lachen. Ich kann nur vermuten, wie oft er die Geschichte bereits
erzählt hat. Das vermindert ihre Wirkung indessen keineswegs –
seine Erzählweise und das abschließende Lachen lassen auch die
Zuhörer ins Gelächter einfallen. Die meisten jedenfalls. Da sitzt
nämlich eine Frau, die die Geschichte öfter als jede andere Person
gehört hat. Sie ist die einzige Person, die nach Beendigung keineswegs lacht: Es ist seine Frau Rosa. Im Laufe der Jahre entwickelte
ihre Reaktion auf seine Erzählung ein Eigenleben, sodass diese
fortan fest dazugehörte: Sie verdreht die Augen und erwartet kopfschüttelnd das Verstummen des Gelächters. Sobald Schweigen ein-
getreten ist und jeder sie hören kann, meint sie vorwurfsvoll: „Ich
würde mich mit einer solchen Geschichte nicht rühmen, zu schämen ist so etwas! Ja, schämen würde ich mich, so etwas erzählen zu
müssen. Stell dir vor, jemand würde dich derart erschrecken. Boshaft, einfach nur boshaft!" Genervt von Opas unreifem Wesen verdreht sie, ihren Worten Nachdruck verleihend, nochmals sichtlich
übertrieben die Augen. Diese Bewegung gelingt ihr auf so natürliche

und eindrückliche Weise, wie ich sie bei keinem nochmals sehen sollte; auf eine Weise, die jedem in Erinnerung blieb, der sie einmal gesehen hat.

*

„Wir verstehen uns gut, Mutter. Unsere gemeinsamen Erfahrungen reichen weit zurück, wie könnte es da auch anders sein? Da waren einige wahrhaft lustige dabei. Erinnerst du dich beispielsweise an den Besuch bei deiner Schwester Frieda in der Joselhütte? Das wurde damals knapp, haha!"
Opa greift breit grinsend über den Tisch nach Omas Hand, blickt herausfordernd in die Runde und dann liebevoll in Omas Augen und fährt fort:
„An einem Tag im Jahr 1950, nach der Absolvierung meines Militärdienstes in Meran, wollten wir beide uns treffen. Dafür verabredeten wir uns in der Joselhütte, der Hütte deiner Schwester Frieda, zu der du unseres Treffens wegen schon einige Tage zuvor aufgebrochen warst – unter dem Vorwand, deiner Schwester mit ihren Kindern zu helfen. Also machte ich mich auf den Weg dorthin, sie wohnte ein ganz schön weites Stück vom Obernock entfernt. Das machte mir nichts aus, ich wollte einfach nur zu dir! Also wanderte ich hin und kam am Nachmittag an; die restliche Zeit des Tages verbrachten wir zusammen. Am Abend hätte ich dann wieder nach Hause zurückkehren müssen. Insgeheim hatte ich indessen vor, nach Einbruch der Finsternis zurückzukehren, um die Nacht bei dir zu verbringen – du warst in den Plan natürlich eingeweiht und hast ihn befürwortet. Unerwarteterweise bot deine Schwester mir an zu bleiben. Das Angebot nahm ich dankend an. Was ich nicht bedacht hatte: Bei dir hätte ich ohnehin nicht schlafen dürfen, das wäre eine Sünde gewesen, weshalb ich im Kinderzimmer schlafen musste. Ich wollte aber unbedingt zu dir. Und du wolltest das auch. Aus diesem Grund hatten wir kurz vor dem Schlafengehen vereinbart,

dass ich mich, sobald alle schliefen, in dein Zimmer schleichen würde. Also erhob ich mich mitten in der Nacht beinahe geräuschlos von meinem Bett und verließ das Zimmer. Ohne den kleinsten Laut zu verursachen, um ja niemandes Schlaf zu stören, schlich ich über die Treppe, wobei ein leises Knarren unvermeidbar war, dennoch ging ich hoffnungsvoll weiter, auf der Suche nach dem richtigen Zimmer. In dieser stockdunklen Umgebung blieb mir nichts anderes übrig, als mich mit den Händen voranzutasten. Anfangs gelang mir das überraschend gut und ich war deinem Zimmer ein gutes Stück nähergekommen, als ein ohrenbetäubender Lärm meine Mission vereitelte: Mir war entgangen, dass im Flur des Hauses Töpfe und Pfannen hingen, und, weil ich mich dem Ziel schon nahe genug gesehen hatte, versäumte ich es, vorsichtig zu gehen. In meinem Eifer war ich gestolpert und hatte dadurch mehrere Töpfe und Pfannen runtergeworfen. Dadurch war natürlich jeder im Haus aufgewacht. Mich rüttelte dieser Lärm so richtig wach: Ohne zu zögern, rannte ich ins Kinderzimmer zurück und stellte mich schlafend."

Während er diese Geschichte erzählt, erscheint auf Omas Gesicht ein wehmütiges, amüsiertes Lächeln und ihr Blick senkt sich zu Boden, ehe sie ihn wieder hebt und Opa auf wundersam dankbare Art anblickt. Dies ist eine der Geschichten, die beiden gleichermaßen viel Spaß bereitet – und keinem von ihnen bleibt je das Lachen aus.

*

„Es war auch zu dieser Zeit, als ich mir zusehends wünschte, eine Heimat aufzubauen. Ich träumte davon, einen eigenen Bauernhof zu besitzen und zu bewirtschaften – kaum eine Arbeit hätte ich lieber getan. Wie sollte ich aber zu einem Bauernhof kommen? Die finanzielle Hürde schien unüberwindbar. Umso glücklicher traf es mich, als mir ein Bekannter folgendes Angebot unterbreitete: Er besaß, neben weiteren Grundstücken, einen Bauernhof, den

Escherer. Da dieser klein, unbewohnt und sanierungsbedürftig war, hatte der Bekannte keine Verwendung für ihn. Somit bot er ihn mir zum Bewirtschaften an, aber mehr noch: Ich dürfte dort wohnen und er würde in meinen Besitz übergehen, wenn ich dafür dreißig Tage lang bei ihm arbeiten würde. In dieser Zeit arbeitete ich zwar als Lkw-Fahrer, doch mein Traum von einem eigenen Hof schien nun endlich greifbar, sodass ich das Angebot unverzüglich annahm und zum Hof zog. Neben meiner Arbeit als Fahrer und dem Abarbeiten der dreißig Tage nutzte ich jede freie Sekunde und jeden freien Tag, oft bis spät in die Nacht hinein, und der einst verfallene Hof erstrahlte so nach und nach in neuem Glanz. Auch um die Umzäunung kümmerte ich mich sowie um das Ausbringen von Saatgut. Nachdem ich die Reparaturarbeiten so gut wie abgeschlossen und sogar schon zwei Kühe gekauft hatte – meine Schuld beim Besitzer war bereits beglichen –, fühlte ich mich auf dem Hof so richtig heimisch. ,Hier soll sich meine Zukunft abspielen', dachte ich mir, von tiefer Zufriedenheit erfüllt. Ich glaubte, den Besitzer ein letztes Mal empfangen zu müssen, bevor ich den Hof endlich übernehmen könnte. Er war von der Schönheit des Hofes indessen überwältigt. So beeindruckt, dass er sich selbst daran erfreute und mir umgehend mitteilte, ich dürfte nicht mehr auf dem Hof wohnen. Die Nachricht schlug mich zu Boden. Aber unsere Vereinbarung? Da war nichts zu machen. Er war der Besitzer und wir hatten keinen Vertrag geschlossen. Mir blieb nichts anderes übrig, als auszuziehen und ihm den Hof zu überlassen. Er zog ein, kurze Zeit später fiel der Hof einem Brand zum Opfer. Ehrlich gesagt vermute ich, dass der Hof abgefackelt worden war, damit der Besitzer das Geld von der Versicherung kassieren konnte, ich will mich aber nicht in Vermutungen verlieren. Es stimmte mich einfach tieftraurig und viele Male, sogar heute noch, musste ich daran denken, wie viel Freude mir dieser Hof bereitet hatte. Wie nahe ich einem glücklichen Leben gewesen war. Und wie ungerecht man mich behandelt hatte. Es sollte noch lange Zeit dauern, bis ich das große Glück erkannte, für welches dieses vermeintliche Pech den Weg geebnet hatte. Es lenkte meinen Lebensweg auf eine andere Spur, eine glückliche."

Opa hat seine Hände in seinem Schoß gefaltet und blickt sie verträumt an. Immer klarer zeichnet sich ein Lächeln an seinen Mundwinkeln ab, das er schlussendlich bemerkt und bewusst beibehält.

„Sein Verhalten mir gegenüber war ungerecht und falsch, davon soll man sich jedoch nicht unterkriegen lassen! Man muss verstehen, im Leben auch das Gute zu sehen. Und ich durfte nach dieser Zeit etwas Wunderbares erleben."

*

„Mittlerweile schrieben wir das Jahr 1952. Rosa und ich sprachen öfter über eine gemeinsame Zukunft, bis ich eines Tages meinen Mut zusammennahm und sie fragte, ob sie mich wirklich gernhabe. Da sie bejahte, sprachen wir übers Heiraten – und entschieden uns dafür. Füreinander. Wir konnten aber mit den Planungen erst fortfahren, wenn ich etwas damals überaus Wichtiges erledigt gehabt hätte: bei ihrer Mutter um ihre Hand anhalten. Bei der Mutter deshalb, weil der Vater bereits seit Jahren tot war und die Mutter somit das Familienoberhaupt war. Sie war Oberhaupt einer etwas größeren Familie, als es sie heute normalerweise gibt. Sie war Mutter von neunzehn Kindern. Neunzehn – und sie die leibliche Mutter von allen! Rosa war das jüngste Familienmitglied und in ihren jungen Jahren war sie das ‚Vatertöchterchen' gewesen, weil er ihr gegenüber sehr großzügig gestimmt war. Von ihren Geschwistern verstarben einige bereits im Kindesalter, zehn überlebten diese Zeit aber und erlebten also, wie die Mutter den Hof leitete. Wegen meiner tüchtigen Dienste als Knecht und meiner Art mochte sie mich, weshalb sie auch zustimmte, als ich um die Hand ihrer Tochter anhielt, unter der Bedingung, Rosa immer zu ihr gehen zu lassen, um sie zu besuchen. So kam es, dass ich heiraten konnte – und dazu noch das schönste Mädchen von ganz Deutschnofen! Sie hatte viele Verehrer, mich wählte sie aus. Sie, das schönste Mädchen von Deutschnofen. Wir wollten im November heiraten, hatten den Termin schon vereinbart und alle Vorbereitungen getroffen. Natürlich musste da etwas dazwischenkommen: Am Tag vor der Hochzeit – ein Arbeitstag wie jeder andere – schleppte ich hundert Kilogramm schwere Mehlsäcke herum, als mich Bauchschmerzen überfielen und ein Arzt gerufen werden musste. Wegen des Verdachts auf Blinddarmentzündung schickte man mich in die Marienklinik. Mein Chef fuhr mich dorthin, Ambulanz gab es dazumal ja keine! In der Klinik wurde ein Blinddarmdurchbruch festgestellt, der sogleich operiert wurde. Ich muss gestehen, nur so schnell zu einer Kontrolle und Operation gekommen zu sein, weil die Schwester meines Chefs eine hohe Stelle in der Klinik innehatte. Deswegen musste ich auch für die Operation nichts zahlen, obwohl ich zu diesem Zeitpunkt nicht versichert gewesen war. Natürlich konnte ich in diesem Zustand nicht heiraten, also verschoben wir den Termin. Nachdem ich wieder genesen war, einigten wir uns auf den 6. Dezember 1952 als Hochzeitstermin. Uns blieb nichts anderes übrig, als im Dom von Bozen zu heiraten, weil in Deutschnofen in der Adventszeit keine Hochzeiten stattfinden durften. Mit dem Postauto, damals eine Art Bus, gelangten wir nach Bozen, wo man auf uns wartete: die zwei Trauzeugen, Rosas Bruder Karl und mein Halbbruder, sowie der Pfarrer. Nach der Trauung machten wir beide uns nach Meran auf, wo wir ein Abendessen verspeisten und die Nacht im Gasthaus verbrachten. Und – wie könnte es bei uns anders sein – unsere Hochzeitsnacht wurde spannend und abwechslungsreich.

Wir legten uns ins Bett in unserem kuschligen Zimmer, das von einem Kohleofen beheizt wurde. Dieser wurde nachts geschlossen, ehe wir uns schlafen legten, was selbstverständlich nicht bald geschah. Irgendetwas ließ mich mitten in der Nacht jedoch aus dem

Schlaf schrecken. Es war mir unmöglich, richtig zu atmen. Ich konnte fast überhaupt nicht mehr atmen! Rosa bemerkte nichts davon und schlief seelenruhig weiter. Ohne zu zögern läutete ich mehrmals an der Klingel, von der es in jedem Zimmer eine gab, bis ein Zimmermädchen erschrocken ins Zimmer trat, das Fenster aufriss und den Ofen komplett ausmachte. Das ließ nun auch Rosa erwachen. Wäre ich nicht glücklicherweise zu mir gekommen, hätten uns die giftigen Gase wahrscheinlich von unserer Hochzeitsnacht nicht mehr erwachen lassen!

Nach der Hochzeit zogen wir in den ‚Winkel‘ in Deutschnofen, den Rosa geerbt hatte. Die Geschichte mit ihrem Erbe erzürnt mich noch heute. Das ging damals sehr ungerecht zu und Rosa hatte das Nachsehen …"

Opa ist schon dabei, sich aufzuregen und in einem Redeschwall seine Sichtweise unmissverständlich klarzustellen: dass Oma mehr bzw. früher erben hätte müssen. Bevor er sich jedoch völlig hineinsteigern kann, unterbricht Oma ihn. Obwohl es sonst nicht ihre Art ist, wird sie diesmal etwas lauter: „Ich habe genauso viel bekommen wie alle anderen. Es war nicht die Schuld meines Bruders, dass das Geld vorher an Wert verloren hat." Der erhobene Zeigefinger soll ihre Worte unterstreichen und Opa soll sie widerspruchslos akzeptieren. Natürlich tut er das nicht, auf eine besondere, den beiden eigene Weise finden sie dennoch einen Kompromiss, ohne sich in weiteren Diskussionen zu ergehen:

„Du hast schon recht. Meiner Ansicht nach ist es trotzdem nicht richtig von ihm gewesen! Ich wollte nur festhalten, wie ich das sehe."

Opa hat es sich im Laufe der Jahre angewöhnt, Oma bei Meinungsverschiedenheiten wie dieser recht zu geben, ohne einer Meinung mit ihr zu sein. Ich bezweifle, dass sie seine Zustimmung für echt hält, sie scheint sich dennoch mit ihr zufriedenzugeben. Wenn ihr mal etwas nicht passt, was er sagt, dann überhört sie es einfach. Sie hält sich an eine ziemlich einfache Devise, die sie weit gebracht hat: „Zum einen Ohr hinein, zum anderen hinaus!" Obwohl sie sich wegen ihrer Eigenheiten nie wirklich aussprechen, gelingt es ihnen auf diese Weise trotzdem, ein glückliches Miteinander zu führen. Dies ist ihr gemeinsamer Weg, der sie ohne Streit aus emotionalen Divergenzen hinausführt. Diesen Weg haben ihnen über sechzig Ehejahre aufgezeigt.

„Jedenfalls lebten wir fortan im Winkel. Aber nein, nicht unverzüglich nach der Hochzeit: Meine Schwiegermutter hatte Rosa nämlich flehentlich darum gebeten, sich um sie zu kümmern. ‚Von neunzehn Kindern wird doch mindestens eines bei mir bleiben!' So überredete sie Rosa dazu, bei ihr zu bleiben. Das ging ein paar Monate, bis sie verstarb und wir in den Winkel zogen. Vorerst erlebten wir eine wunderbare Zeit dort. Am 7. Oktober 1953 segnete uns das Glück, als unsere älteste Tochter, Rosmarie, geboren wurde. Dies war der endgültige Wendepunkt in meinem Leben: Ich, der nie eine richtige Familie gehabt hatte, habe mir meine eigene aufgebaut! In diesem Moment, als uns Rosmarie geschenkt wurde und wir eine kleine, vollständige Familie gründeten, bin ich reich geworden! Ach, unsere kleine Rosmarie …"

Opa kneift die Augen zusammen, lässt den Kopf etwas sinken und schüttelt ihn sanft, aber bestimmt. Oma hebt ihren Blick zum Herrgottswinkel der Küche. Der gekreuzigte Jesus hängt dort, unter dem eine Kerze für die Verstorbenen brennt. Auf einer Höhe mit Jesus hängt die Schwarz-Weiß-Aufnahme eines kleinen Mädchens. Sie sitzt auf einem Kissen, die Umgebung wirkt schemenhaft, einzig ihr Lächeln ist deutlich erkennbar. Oma flüstert vor sich hin: „Schrecklich, einfach schrecklich …"

Opa gönnt sich nur wenig Zeit, um sich zu erinnern. Unvermittelt schüttelt er den Kopf, richtet sich wieder auf und fährt mit seiner Erzählung fort:

„Für Rosa bedeutete Rosmaries Geburt natürlich genauso viel wie für mich. Dennoch hatte dieses Ereignis für sie wahrscheinlich eine etwas andere Bedeutung, wie mir in den darauffolgenden Jahren bewusst werden sollte: Wenn man aus einer Großfamilie wie jener der ‚Riegler' stammt, so ist es naheliegend, dass man als Frau selbst einen intensiven Kindeswunsch hegt. Ehe ich mich's versah, war sie also erneut schwanger und am 10. Jänner 1955 wurde uns Cristina geboren. Unsere Freude war natürlich riesig. Bevor ich mein Glück aber fassen konnte, wollte Rosa schon ans nächste Kind denken. Mir dämmerte bald, dass sie am liebsten jedes Jahr eines gehabt hätte. Um ihr Ziel zu erreichen, hielt sie mich während unserer gemeinsamen Stunden oft an, bloß nicht aufzupassen. Ich wusste aber stets, was ich wollte. Und aus diesem Grund passte ich immer besonders auf!"

Oma schüttelt den Kopf und meint tadelnd: „Wenn man schon dabei ist, dann sollte man ein Kind nach dem anderen machen. Wie es scheint, verstehst du das nicht!"

Zu Beginn des Satzes versucht sie noch, Opa dies in vollem Ernst beizubringen. Mit jedem Wort fällt es ihr schwerer, sodass sie Opa schlussendlich zulächelt und besserwisserisch durch die Nase ausatmet, den Kopf leicht zurückziehend.

*

„Im Winkel hatten wir es also eine Zeit lang gut. Wie du weißt, sollten wir in diesen Jahren leider auch das Schlimmste, was Eltern widerfahren kann, durchleben. Es war ein gewaltiger Einschnitt in unser Leben. Die Familie wollten wir dennoch weiter vergrößern. Und so wurde uns am 2. Oktober 1956 unser einziger Sohn, Martin, geboren. Wir durchlebten durch seine Geburt ein vollkommen gegensätzliches Gefühl zu dem in dieser Zeit prägendsten. Endlich hielt wieder etwas Freude Einzug in unser Leben. In dieser Zeit sollte sich unser Leben auch in anderer Hinsicht verändern: Ein anderes Unternehmen bot mir eine Arbeitsstelle an – inklusive doppeltes Gehalt und Wohnung! In der Wohnung könnten wir gratis wohnen, wenn Rosa sich um den Vater meines Chefs in spe kümmern würde, der ebenfalls im Haus wohnte. Das Angebot nahm ich klarerweise an, weshalb wir 1957 nach Welschnofen in den ‚Spechter‘ zogen und ich von nun an dort mit dem Lkw fuhr. Wir verließen den Winkel und der Spechter wurde ab sofort zu unserer neuen Heimat: ein kleiner Hof mit zwei Kühen, einigen Hennen und einem kleinen Garten. Rosa wurde zur Haushälterin und Pflegerin des alten Herren, der übrigens trotz seiner neunzig Jahre in hervorragender Verfassung war. Sie musste sich hauptsächlich um seine Verpflegung kümmern. Ihre Arbeit wurde fürstlich entlohnt. Der Herr war nämlich nicht nur körperlich in hervorragender Verfassung, sondern finanziell mindestens genauso. Er gab ihr die Erlaubnis, im nahe gelegenen Geschäft all das zu holen, was sie brauchte, und einmal wöchentlich beglich er die Schulden. Die Zeit beim Spechter war wahrlich schön. Täglich kamen Rehe, um am Hausbrunnen zu trinken – ein beruhigender Anblick. Ich hätte ihn gern öfters genossen, wäre mir mehr Zeit dafür geblieben. Denn zu Hause war ich nur wenig: Frühmorgens brach ich mit meinen Warentransporten auf und fuhr damit in jeden Winkel Südtirols. Ja, unser schönes Land kenne ich wie kaum ein Zweiter! Meine täglichen Ausfahrten beanspruchten viel Zeit, wodurch ich erst spätnachts nach Hause kam, als alle bereits schliefen. Leider sah ich meine Kinder nur selten und für kurze Augenblicke. Ich muss gestehen, der Alte war wohl eher Vater für die beiden, mich kannten sie kaum. Er hatte sie sehr gern. In den ersten Jahren änderte sich nur wenig an diesen Umständen. Wiederum war mein Arbeitsverhältnis Auslöser für die folgenden Veränderungen: Mein Chef ging bankrott und ich musste mich nach einer neuen Anstellung umsehen. Ich hatte Glück, dass ich einige Jahre zuvor einen leiblichen Cousin mütterlicherseits kennengelernt hatte: Er, ansässig in Leifers, vermittelte mir eine Stelle bei der Obstgenossenschaft ‚Kaiser Alexander‘ in Leifers. Zu Beginn meiner Arbeit lebten wir vier im Leiferer Dorfzentrum –

damals war Leifers noch ein Dorf! –, wo wir jedoch nicht dauerhaft bleiben wollten. Wir suchten also nach dem richtigen Platz für unsere Familie. Das Glück war uns behilflich, weshalb wir nicht allzu lange suchen mussten: 1964 ging ein Leiferer Hausbesitzer pleite und musste verkaufen. Käufer mussten neben dem Preis des Hauses zusätzlich sämtliche Schulden übernehmen, insgesamt kostete das Haus deshalb rund 1,834 Millionen Lire, was eine ganze Menge Geld war. Rosa und ich besichtigten das Haus und, obwohl es am damals schlechtesten Platz von ganz Leifers stand, entschieden wir uns dafür. Wir wussten um die Möglichkeiten und Besonderheiten des Hauses und der Lage. Bei unserem Kauf kam es mir zugute, dass ich kaum weiteren Besitz hatte: Dieser wäre nämlich gepfändet worden. Aufgrund unserer komplizierten finanziellen Lage benötigten wir nichtsdestotrotz die Hilfe meines Cousins. Er war Angestellter im Land und kümmerte sich um alles Bürokratische, sodass der Kauf trotz unserer Finanzverhältnisse abgeschlossen werden konnte. Wir unterschrieben den Vertrag, kauften ohne weitere bürokratische Probleme das Haus – mitsamt Schulden – und konnten endlich einziehen.

Kaufvertrag:
Vereinbarung
Tahler Alois u. Artur Dalsass u. Rosa
machen Heute folgenden tausch.
Artur Dalsass u. Rosa übernehmen von
Alois Tahler das Haus in Leifers
wie es der Alois Tahler bis Heute
besesen hat. u. verpflichten sich
die Hipotek der Sparkasse u. von
der Region, sowie 48.000 L der
Rücksiedlung u. 850.000 L den
Pichler Peter

Übereinkunft!

Fahler Alois u. Artur Dalsass u. Rosa
machen heute folgenden Tausch.
Artur Dalsass u. Rosa übernehmen von
Alois Fahler das Haus in Leifers
wie es der Alois Fahler bis heute
besessen hat, u. verpflichten sich
die Hypotek der Sparkasse der
der Region sowie 48.000 L. der
Rücksiedlung u. 850.000 L. dem
Fahler Peter.

geben weiteres weiteres unseren Besitz
in Deutschnofen wie wir den bis
heute besessen haben.

Sobald die Hypotek von der Region
von 280.000 L. auf Fahler übertragen
ist bekommt Alois Fahler von Artur
u. Rosa Dalsass 250.000 L. rückwärtig.

Weiteres verpflichtet sich Artur u.
Rosa Dalsass die Kirchseinrichtung
für Fahler zu bezahlen.
Fahler verpflichtet sich bis spätestens
20 Mai 1962 das Haus freizustellen.
Fahler Alois verpflichtet sich dem
Bruder u. Schwager Karl Riegler das
Kaufsrecht zu lassen, falls Er diesen
Besitz wieder weiter verkauft.
Kaufsvertrag wird am 1 Mai beim Notar ...

Leifers den 16/4 1962

Fahler Alois
Dalsass Rosa
Dalsass Artur

Zeugen:

Fahler Peter

Kaufvertrag
des Leiferer
Wohnhauses,
1962

geben weiteres unsern Bisitz
in Deutschnofen wie wir den bis
Heute besesen haben.
Sobald die Hipotek von der Region
von 280.000 L auf Tahler übertragen
ist bekomt Alois Tahler von Artur
u. Rosa Dalsass 250.000 L. rückvergütet

Weiteres verpflichtet sich Artur u
Rosa Dalsass die Kaufserichtung
für Tahler zu bezahlen.
Tahler verpflichtet sich bis spätestens
20. Mai 1962 das Haus freizustelen
Tahler Alois verpflichtet sich den
Bruder u. Schwager Karl Riegler das
Kaufsvorecht zu lasen, fals Er diesen
Besitz wieder weiter verkauft.
Kaufsvertrag wird am 1. Mai beim Notar gemacht.
Leifers den 16/4 1962

Thaler Alois
Dalsass Rosa
Dalsass Artur

Zeugen
Pichler Peter

„Damit es offiziell wurde, mussten wir den Kaufvertrag anschließend doch noch beim Notar unterzeichnen sowie einen Bürgen
finden, damit der Kauf trotz unserer schwachen Finanzen abgeschlossen werden konnte. Dafür fragte ich in Deutschnofen einige
Bekannte, von denen ich nur Absagen erhielt – bis ich zum

Prentner-Hof kam. Der Besitzer antwortete mir: ‚Ich bürge nicht gern für dich, es ist mir eigentlich zu riskant. Höre dich deshalb weiter um, solltest du aber keinen finden, dann stehe ich zur Verfügung.' Da ich noch jemanden fand, musste ich nicht auf ihn zurückgreifen, und glücklicherweise lief alles Weitere reibungslos ab! Das Haus ließen wir schon bald renovieren und machten eine Frühstückspension mit vier Gästezimmern daraus. Jahrelang war sie gut besucht, unter anderem wegen Rosas grünem Daumen und den wunderschönen Blumen in ihrem Garten. Sogar einige Rehe hielten wir hier. Vor allem Deutsche kamen, den meisten gefiel es sehr gut. Rosa und ich waren ebenfalls begeistert. Endlich waren wir zu Hause. Natürlich wussten wir das damals noch nicht ganz, wir hofften aber darauf – und es sollte auch so kommen."

Die Zufriedenheit, die Opa umgibt, wenn er vom Kauf und Leben in diesem Haus spricht, wirkt ansteckend auf mich. Das könnte auch daran liegen, dass es sich um das Haus handelt, das ich noch heute meine Heimat nenne, das ich mit meinen Großeltern teilen durfte und mit dem ich unzählige Erinnerungen verbinde. So auch die vorhin angesprochene Diskussion der beiden um das Erbe von Oma: „Beim Erben ging es damals sehr streng zu, keiner wollte zu kurz kommen – wie es heute noch genauso oft der Fall ist: Niemand will auch nur einen Cent weniger als der andere bekommen. Rosa erbte einen Teil des Winkels, den Besitz musste sie mit einem Bruder und einem weiteren Verwandten teilen. Ihr Bruder Karl übernahm den Hof. Alle Formalitäten und Entscheidungen waren frühzeitig abgemacht worden, vor dem Verscheiden der Mutter, sodass keinerlei Schwierigkeiten hätten auftreten können. In den Jahren vor dem Krieg war die Vereinbarung getroffen worden – und hierin liegt auch die große Ungerechtigkeit: Rosas andere Geschwister erhielten vom Erben des Hofes 10.000 Lire, die vor dem Krieg ausgereicht hätten, um eine Wohnung zu kaufen. Weil Rosa aber die Jüngste war und ihr Bruder Karl dreizehn Jahre älter, erhielt sie ihr Geld nicht gleichzeitig mit den anderen vor Kriegsbeginn, zumal sie erst vierzehn und damit noch nicht berechtigt war, das Geld selbst in die Hand zu nehmen. Jahre später erhielt sie dann ihren Anteil und kaufte sich davon etwas Schönes: eine Ziege. Wegen der Inflation reichte es nicht für mehr!"

Während Opa sich ärgert, lässt Oma ihn gewähren und wartet, bis er sich einigermaßen beruhigt hat, um dann mit ruhiger Stimme festzustellen, dass ihren Bruder keine Schuld träfe. Viele ihrer Diskussionen drehen sich um Geld. Sie haben diesbezüglich grundverschiedene Auffassungen: Opa genießt seinen selbst erarbeiteten Wohlstand, wo er nur kann, Oma spart hingegen, wo sie nur kann. Die beiden lassen sich ohnehin nur wenige Diskussionen entgehen. Das Geld war bei den beiden immer schon ein Thema, eine Besonderheit ihrer Beziehung liegt auch hierin: Wenngleich sie oft übers Geld sprechen, tun sie das nur sehr oberflächlich und akzeptieren so die Eigenschaften des anderen und dessen persönliche Sicht. Geld ist ein Diskussionsthema, gleichzeitig jedoch kein Grund für Spannungen. Oma versteht es, auf ihre Weise zu leben und zufrieden zu werden, wenn sie jeden Cent auch zweimal umdreht und zeitgleich Opas freigiebige Art nachsichtig mitansieht. Opa findet sein Glück darin, das Geld auszugeben, wo immer es ihm möglich ist, und auch Omas Art liebevoll anzunehmen.

Ihre vollkommen konträren Haltungen sind beide berechtigt und zudem überaus lehrreich. Ich erinnere mich bestens an eine Szene in der Küche meiner Oma, als sie nach dem Backen die allerkleinsten Restchen Mehl zusammenstrich und in einem Gefäß sammelte. Auf meine verwunderte Frage, warum sie dies mache, wo sie doch weitere volle Mehlpackungen im Schrank habe, antwortete sie mahnend: „Ich tue das, weil die schlechten Zeiten wiederkommen werden und ihr mir hierfür noch dankbar sein werdet!" Und ich bin ihr in der Tat dankbar, wenn auch nicht so, wie sie damals glaubte. Sie lehrte mich und alle ihre Nachkommen nämlich den sorgsamen

Umgang mit allen Ressourcen und ist mit gutem Beispiel vorange-
gangen. Ich bin dankbar, dass sie uns gezeigt hat, wie wichtig Sparsamkeit ist. Sie ist eine Tugend, die in Zeiten des Klimanotstandes
und des unverhältnismäßigen Konsums überaus selten und umso
wichtiger geworden ist. Opa wuchs in einer Zeit heran, in der Kon-
sum keinerlei negative Auswirkungen zu haben schien, sodass er
sein erwachsenes Leben darauf ausrichtete. Wahrscheinlich aber
erst in den letzten Jahren, zuvor musste er sich seinen Wohlstand
erst erarbeiten. Wegen seiner Lebensweise konnte Oma nur nachsichtig den Kopf schütteln: „Alles, was er haben will, kauft er sich.
Er muss alles haben, was ihm in den Sinn kommt!" Der bemerkens-
werte Unterschied zwischen Oma und Opa sorgte dafür, dass uns
Nachkommen einerseits vorgelebt wurde, das Leben unabhängig
von der finanziellen Lage zu genießen und andererseits sparsam
und wertschätzend mit allem umzugehen und auch mit wenig zufrieden zu sein. Für diese Lehren kann man ihnen nur zutiefst
dankbar sein.

Der Grund für ihre unterschiedlichen Auffassungen liegt wohl in
ihrer Kindheit: Oma hatte immer genug zu essen und musste niemals Hunger oder sonst irgendeinen Mangel leiden. Aber ihre Mutter forderte sie dazu auf, mit allem sparsam zu sein, da auch mal
schlechte Zeiten kommen könnten. Opa hingegen lernte Wohlstand
erst im Erwachsenenalter kennen. Und als Erwachsener dachte er
sich wohl, dass er sich vieles gönnen müsse, so lange er die Möglichkeit dazu habe.

Oma pflegte oftmals zu sagen: „Sparen lernt man von den Reichen!", um dann eine Lebensweisheit hinzuzufügen:

„Gebt einer Person ein Stück Käse und lasst sie diesen zum Verzehr
vorbereiten, dann achtet gut darauf: Schneidet sie zu viel Rinde weg,
dann könnt ihr es sogleich vergessen, denn diese Person versteht
nichts vom Sparen. Schneidet sie aber zu wenig Rinde weg, soll
daraus auch nichts werden, dann ist die Person nämlich zu geizig.

Ja, nur wer den Mittelweg kennt und geht, der versteht etwas vom Leben!"

*

„Es gibt eine Sache, die man zur Hochzeit von Rosa und mir wissen sollte: Sie hat mich nur des Geldes wegen geheiratet!"
Sobald Opa dies sagt, wissen fleißige Zuhörer, was folgt: das Aufzählen seiner Konkurrenten im Werben um Oma. Oma war als junge Frau nämlich sehr begehrt gewesen: „Sieben haben sie ums Heiraten gefragt!" Die Geschichte um die sieben Verehrer wird von Opa immer gerne ein wenig inszeniert. Opas Erklärung zu Omas Entscheidung bildet den Aufmacher, nach dem er ein lautes Lachen erklingen lässt und den Zuhörern in die Augen blickt:
„Ja, Rosa hätte genügend Chancen gehabt, viele hätten sie gern geheiratet. An Verehrern mangelte es ihr zu keiner Zeit. Wer war da alles dabei?"
Obwohl Opa die Namen im Schlaf aufzählen könnte, legt er theatralisch eine Pause ein.
„Da wäre der Hackhofer, der reiche Bauer. Ja, der hätte Rosa gern gehabt!"
Er hebt den Daumen seiner rechten Hand und hält ihn für alle gut sichtbar in die Luft. Während er sich in den Gesichtern der Zuhörer nach Verständnis erkundigt, nickt Oma zustimmend.
„Nun gut, dann hätten wir den Ersten schon. Als Nächstes kam der Ritzensepp. An Verehrern mangelte es ihr wahrlich nicht! Ach, der Ritzensepp!"
Zwischenzeitlich hat Opa seinen Zeigefinger erhoben und stellt ihn zur Schau. Oma nickt und lächelt verschmitzt.
„Aber nicht zu voreilig, weiter geht's: Ihre bäuerlichen Verehrer vervollständigte Siegfried, der kam dich oft besuchen, Mutter!"
Oma säuselt ein lautloses Ja und schaut verträumt zu Boden, als Opa auch schon fortfährt:

„Nicht nur Bauernsöhne warben um sie. Um die Wahl etwas interessanter zu machen, bewarben sich auch andere, wie etwa der Schmied, der wöchentlich zu Rosa kam, obwohl er von seinem Hof dafür eine ganze Stunde brauchte oder sogar noch länger. Dennoch kam er ausnahmslos jede Woche. Zu Fuß!"

Mittlerweile ist Opa beim Ringfinger angelangt und hält die Hand in die Luft, als ob so jeder seine vier Konkurrenten sehen könnte. Er baut die Spannung auf, indem er vortäuscht, überlegen zu müssen, wer die weiteren Konkurrenten waren. Oma hält sich überhaupt gerade zurück und scheint irgendwo anders zu sein.

„Nicht zu vergessen ist der Stappelfeld!"

Oma blickt überrascht, ehe ihre Lippen seinen Namen lautlos wiederholen und sie ihn schlussendlich laut und behutsam ausspricht: „Stappelfeld." Nun ist an Opas Hand kein freier Finger mehr übrig; stolz präsentiert er seine fünf Mitstreiter. Dann hebt er seine linke Hand zum krönenden Abschluss:

„Zu guter Letzt muss ich noch den Ochsenreiter erwähnen. Ein fast genauso feuriger Verehrer von Rosa wie alle anderen!"

Ungläubig starrt Opa auf seine sechs Finger und ruft triumphierend: „Sechs Möglichkeiten hatte sie. Sechs! Ich war der Siebte, und mich hat sie erwählt. Mich! Aber sei ehrlich, Mutter: Du wolltest mich nur wegen meinem Geld. Stimmt's nicht?!"

Ein breites Grinsen begleitet diese Frage, Oma verdreht nur die Augen und meint trocken: „Gewiss."

Warum Opa wohl beteuert, dass Oma ihn nur seines Geldes wegen geheiratet hat, wo er doch keines oder kaum welches hatte? Vielleicht genau aus diesem Grund: Er hatte nicht einmal ansatzweise so viel Geld wie jeder der anderen Konkurrenten, die allesamt gutstehende Leute waren. Natürlich erfüllt es ihn dann mit Stolz, dass Oma sich für ihn entschieden hat. Schließlich versichert ihm dies, dass sie ihn allein seinetwegen geheiratet hat, dass sie ihn lieber hatte als eine große Menge Geld. Es war ein absoluter

Liebesbeweis. Verständlich, dass Opa dies vor anderen immer wieder unterstreicht.

Vielleicht legt er auch deshalb so großen Wert darauf, dass seine Zuhörer dies wissen, um sie von seinem Wert zu überzeugen, der ihm in jungen Jahren ja so oft abgesprochen worden war. In erster Linie ist aber er es, der das Wissen dringend benötigt, gleich viel wert zu sein wie andere und nur durch seinen beherzten Einsatz im Leben so weit gekommen zu sein. Selbst als Neunzigjähriger sucht er nach dieser Gewissheit. Er hat sie bereits zu weiten Teilen gefunden, doch die Kindheit wirkt immer noch nach.

*

Meine Großeltern sind für mich eines der ersten Beispiele wahrhaftiger Liebe, die ich kennenlernen durfte. Wahrhaftige Liebe ist nicht gleichbedeutend mit romantischer Liebe, wie wir sie heute verstehen, das soll unterstrichen werden. Denn ihre Liebe war wohl kaum eine romantische, sie hätten niemals das Klischee einer perfekten Beziehung bedient. Dennoch waren sie so vieles füreinander, so vieles mehr, als es den Anschein hatte. Es waren zwei Menschen, die ein Leben miteinander meisterten und am Ende wunschlos zufrieden waren. Das ist es, wohin eine Beziehung einen führen soll: Sie soll weder nach außen hin eine bestimmte Wirkung entfalten noch sich selbst etwas vormachen. Sie soll in sich geschlossen funktionieren, die Partner bereichern. Rosa und Arthur zeigten, dass Liebe nicht Ekstase bedeutet, aber Beständigkeit und die Bereitschaft, auf den anderen einzugehen und ihn so anzunehmen, wie er ist.
Diese Bereitschaft setzt dennoch ein bestimmtes Grundverständnis voraus. Opa sah den Grund für Omas anfängliches Interesse an ihm darin, dass er ein fleißiger Arbeiter war und mit allen Menschen gut zurechtkam. Ihr Interesse an ihm war also seiner Art geschuldet. Seine Art war, diese Behauptung wage ich, perfekt für sie. Genauso wie es die ihre für ihn war. Sie waren trotz ihrer Verschiedenheit

perfekt füreinander. Oder aufgrund ihrer Verschiedenheit? Sie hatten mit Sicherheit ihre Differenzen, dennoch bewerkstelligten sie es, ein Leben in Eintracht zu teilen und Wunderbares aufzubauen. Sie erkannten die vielen Herausforderungen, die das Leben an sie (beide) stellte, nahmen sie an und machten das Beste daraus. Neben den Schwierigkeiten, die mit ihren Unterschieden einhergingen, waren es wahrscheinlich ebendiese Unterschiede, die sie zu einem sich lebenslang liebenden Paar machten: Auf ihre eigene Art waren sie genau das, was der andere in seinem Leben brauchte. Für Opa, der in seiner Kindheit und Jugend nur wenige ruhige Minuten gehabt hatte, war sie der ruhende Pol, der seinem Leben Orientierung gab. Sie war sein Anker, der seinem getriebenen Wesen Halt gab. Gleichzeitig bot sie ihm auch die vielen Freiräume, die er seiner Kindheit wegen benötigte. Sie bedrängte ihn nie, obwohl er nur selten zu Hause war. Nach der Hochzeit wurde sie der Grundpfeiler seines Lebens und seiner Heimat. Diese lag nun nicht mehr an einem Ort, sondern bei einem Menschen. Er war viel unterwegs und kam immer zurück, weil er wusste, dass da jemand auf ihn wartete. Und sie erwartete ihn, weil auch er ihr Wesentliches gab: Opa war für Oma derjenige, der ihr zeigte, dass man das Leben genießen und nicht allzu sehr an die möglicherweise bevorstehenden schlechten Zeiten denken sollte. Er war ihr Gegenstück. Oma blickte sanftmütig auf manche seiner Taten, ihre Treue war über jeden seiner Fehler erhaben.

Für gelegentliche Besucher mag es nicht so ausgesehen haben, doch auf die ihnen eigene, stillschweigende Art war ihre Beziehung von berührender Romantik. Einige seltene Male durfte ich das beobachten, und 2014 habe ich eine solche Beobachtung sogar aufgeschrieben. Es ist eine Aufzeichnung aus der geheimnisvoll innigen Beziehung der zwei:

Wir sind im Wohnzimmer. Rosa liegt in der Ecke des Diwans, Arthur sitzt gleich neben ihr auf der längeren Seite. Ich sitze neben

Oma. Opa hält die Fernbedienung in der linken Hand, die rechte liegt frei neben der vom Röschen, das schläft. Sehr zärtlich nähert er seine rechte Hand der ihren, er fühlt sich unbeobachtet. Dann umfasst er sie, und für einige Sekunden schaut er sie verträumt an; er scheint in einer anderen Welt zu sein. Dann lässt er sie los, und der Tag nimmt weiter seinen Lauf.

Wenn man Opas familiäre Situation in seiner Kindheit bedenkt, kann man nur erahnen, wie vielen Schwierigkeiten er sich gegenübersah, als er seine eigene Familie gründete. Nach und nach begann er, seine schlechten Erfahrungen in Positives umzumünzen. Man möchte denken, das sei bei so vielen erschreckend bösen Erfahrungen kaum möglich, Opa fand aber eine Möglichkeit.
„Ach Mutter, wir blicken auf eine unglaublich lange gemeinsame Zeit zurück. Uns ist Gutes wie Schlechtes widerfahren. Manchmal schien das Schlechte übermächtig, kein Ausweg war in Sicht. Und trotzdem haben wir es geschafft. Gemeinsam."

Überleben

„Es war schrecklich,
einfach nur schrecklich."

Rosmarie, am 13. Juni 1955

„Rosa war an diesem 28. Juni 1955 mit unseren beiden Kindern zu Hause und ich wie immer im Lkw unterwegs. Der Tag begann wie jeder andere und, wie Rosa mir erzählte, lief er wie die meisten anderen ab: Cristina war in ihrer Wiege, Rosmarie tollte herum. Rosmarie verschwand zu einem gewissen Zeitpunkt, was Rosa nicht sofort bemerkte, da sie viel zu tun hatte. Plötzlich vernahm sie laute Rufe, weshalb sie sich auf die Suche nach Rosmarie begab. Im Haus war sie nirgendwo zu finden, also rief sie nach ihr und suchte immer verzweifelter, die entfernten Rufe wurden lauter. Beim Hinaustreten auf den Balkon sah sie unten Menschen stehen, die aufgeregt schrien. Einer von ihnen hielt etwas im Arm, ein Kind – Rosa verstand zunächst nicht, was geschehen war und wen dieser Mann da im Arm trug. Als er über die Treppe heraufkam, musste Rosa die grausame Wahrheit erkennen: In seinen Armen lag ihr Kind. Er trug unser Kind, das sich kaum noch bewegte und keinen Laut von sich gab. Ohne Rosas Zutun – ihr Denken und Tun war einzig auf Rosmarie ausgerichtet – wurden die Carabinieri verständigt und alle Register gezogen. Man telefonierte auch an meinen Arbeitsplatz. Mein Chef, dem alles mitgeteilt worden war, fuhr mich nach meiner Rückkehr von einer Tour unverzüglich nach Deutschnofen. Dort erwartete mich ein grausamer Anblick: meine schwerverletzte, regungslose Tochter in den Händen meiner aufgelösten, zutiefst schockierten Ehefrau. Sofort stiegen wir ins Auto meines Chefs, der unsere junge Familie nach Bozen fuhr."
Es war mir erst spät möglich, mit Opa über dieses Thema zu reden. Mit Oma habe ich mich zwar darüber unterhalten, aber nicht sonderlich tiefgründig, zumal ich es nicht übers Herz brachte, sie direkt auf die damaligen Ereignisse anzusprechen. Aus diesem Grund muss ich mich ausschließlich an die Erzählungen Opas halten, dem die Geschichte auch vierundsechzig Jahre später noch extrem nahegeht:
„Wir gaben die Hoffnung auf ihr Überleben zu keinem Zeitpunkt auf, weder während der Autofahrt nach Bozen noch in der Notauf-

nahme. Wir hofften und harrten und warteten auf den Arzt, der schon nach kurzer Zeit zu uns kam und uns aufklärte. Seine Worte rissen uns den Boden unter den Füßen weg: ‚Ihr könnt sie wieder mitnehmen. Nehmt sie mit und bringt sie nach Hause. Aber macht euch keine Hoffnungen, sie wird höchstwahrscheinlich noch im Auto sterben.' Völlig niedergeschlagen nahmen wir unsere Kleine mit und brachten sie ins Auto, allzeit ihr Verlassen erwartend. Wir fuhren nach Hause. Rosa ließ sie für keine Sekunde aus den Händen und wir weinten beide bitterliche Tränen. Umso überraschter waren wir, als wir zu Hause ankamen und sie noch am Leben war! Wir brachten sie in die Wohnung und legten sie in die Mitte unseres Bettes, wo sie die Nacht zwischen uns verbrachte. Ihr Überstehen der Autofahrt schürte natürlich unsere Hoffnungen: Vielleicht könnte sie trotz allem überleben. Die ganze Nacht hindurch tat keiner von uns auch nur ein Auge zu, wir wollten wach bleiben – wach bleiben, um weiter hoffen zu können; wach bleiben, um weiter bei unserem Kind sein zu können. Und sie überlebte die Nacht. Diese eine Nacht durfte sie überleben, doch nicht den nächsten Morgen."

Rosmarie – seine Tochter, ihr Kind – durfte nicht älter als zwanzig Monate werden. Schlussendlich sollte sie ihren Verletzungen erliegen, sie waren zu schwer. Sie waren zu schwer und die damalige Medizin unvorbereitet. Ich komme nicht um die Frage herum, was passiert wäre, wäre die Versorgung besser gewesen. Hätte sie überlebt? Wäre meinen Großeltern dieses Leid erspart geblieben? Mit solchen Gedanken beschäftigten sich Oma und Opa anscheinend nicht, der Schmerz war zu groß, als dass sie an etwas anderes hätten denken können als an die traurige Realität. Zu stechend war die Gewissheit, dass sie nie wieder ein Lebenszeichen ihres Kindes sehen würden.

Von Oma weiß ich, dass sie Jahre brauchte, um den Schock zu verarbeiten. In dieser Zeit muss sie unter quälenden Selbstvorwürfen gelitten haben – zwei Jahre lang zitterten ihre Hände. *Warum konnte ich mein Kind nicht vor diesem Schicksal retten?* Zu diesen Selbstvorwürfen kamen noch die völlig unangebrachten Fragen eines Carabiniere, der zum Unfallhergang ermittelte. Er fragte sie regelmäßig, ob sie nicht vielleicht doch schuld am Tode von Rosmarie sei, weil sie ihre Mutterpflichten vernachlässigt habe. Er wagte es also, die Mutter eines Kindes zu verdächtigen, wobei ihr Leiden für alle deutlich sichtbar war. Das wollte Opa nicht akzeptieren. Oma litt zu sehr, als dass sie auch noch solche Fragen ertragen konnte. Deshalb beschwerte er sich beim Maresciallo, einem guten Freund von ihm, der dieses Verhalten genauso wenig duldete. Er versetzte den Carabiniere in ein anderes Dorf und Rosa hatte ihre Ruhe. Aber nur bedingt: *Wie konnte das nur passieren?!*

„Wenn man den Unfallhergang betrachtet, kann man nur ungläubig den Kopf schütteln. Der Grund, wieso unsere Tochter vom Balkon gefallen ist, ist so banal, dass man ihn eigentlich nicht akzeptieren kann: Auf dem Balkon stand ein Stuhl. Ein einziger, blöder Stuhl. Warum musste da bloß dieser Stuhl stehen?! Der Stuhl stand seit jeher dort, und Rosmarie ist wahrscheinlich auf den Stuhl geklettert, um Blumen zu pflücken. Dabei hat sie wohl das Gleichgewicht verloren und ist vornübergekippt – über den Balkon. Wegen diesem blöden Stuhl. Warum musste dieser Stuhl da stehen?"

Meine Mutter erzählt, dass Opa nach dem Unfall eine Haltung zeigte, die Oma ihm lebenslang hoch anrechnete: Nie, nicht für den kleinsten Moment, machte er sie für den Tod ihres gemeinsamen Kindes verantwortlich. Er behandelte sie in dieser Hinsicht immer sehr behutsam. Dies ändert aber nichts an der Tatsache, dass sie sich beide insgeheim riesige Vorwürfe machten. Und dass lebenslang die gleiche Frage in beiden Köpfen herumspukte. Dieses Verhalten Opas war zwar ungemein erleichternd für Oma, änderte jedoch auch nichts daran, dass beide diesen Verlust nie vergessen konnten, besonders Oma. Zu einer Zeit, als sie bereits Großmutter war, besuchte sie ein Traum, den sie wegen seiner Besonderheit und Wärme oft erwähnte:

Sie befand sich auf einer weiten, grünen Wiese. Und in großer Entfernung vor ihr, jenseits eines Baches, nahm sie wohlbekannte Umrisse wahr. Es waren überaus viele. Es waren die Gestalten von Menschen, von ihr bekannten Menschen, die sie jedoch nicht sofort einordnen konnte. Sie betrachtete sie deshalb genau und erkannte schließlich, dass es allesamt Menschen waren, die sie schon seit sehr langer Zeit nicht mehr gesehen hatte. Das brachte sie zur Überzeugung, dies müsste der Himmel sein, und auch sie dürfte endlich sterben. *Dürfen* deshalb, weil sie sich nie vor dem Tod fürchtete, ihn immer als etwas Schönes betrachtete. Zwischen all diesen bekannten Figuren ihr gegenüber stach eine besonders hervor: Da war ihre Mutter! Schon die hätte für sie ausgereicht, um nach der anderen Seite zu streben. Aber da war noch etwas. Etwas in den Händen ihrer Mutter. Da war ein Körper, den sie zu lange nicht mehr halten durfte. Eine Wange war dort, die nach ihren Küssen verlangte. Da erklang ein Lachen, das sie zu lange nicht mehr hören durfte. Dort, in der Umarmung ihrer Mutter, lag ihre kleine Rosmarie, ihre fehlende Tochter, ihr verlorenes Kind! Unbedingt wollte sie zu ihr gelangen und sie beeilte sich. Doch kurz bevor sie angekommen war, wurde sie weggerissen. Die Wiese verschwand, der Traum verblasste. Sie wurde geweckt. Arthur hatte sie geweckt, da sie irgendetwas zu erledigen hatte. Sie wurde wütend und versuchte, wieder einzuschlafen. Dorthin zurückzukehren, wo ein Teil ihres Herzens verweilte. Aber es gelang ihr nicht. Tagelang war sie wütend auf Arthur, und nie vergaß sie diesen einen Moment, in dem ihre geliebte Tochter in greifbarer Nähe war.

*

Der Tod eines Kindes beschäftigt Eltern ein Leben lang. Auch dann, wenn man den Schmerz besiegen und weiterleben kann, ist man nie wieder so vollkommen wie vor jenem Moment, in dem ein Teil der Seele geraubt worden ist. Als ich mit Oma kurz vor ihrem Tod über ihr Leben spreche, macht sie den frühen Tod Rosmaries schnell als ihren schlimmsten Schmerz aus. Sie erzählt davon, während ihre Augen sich mit Tränen füllen und ihre Hand die meine krampfhaft umschließt. „Einfach schrecklich." Der Druck, den sie auf meine Hand ausübt, ist nichts im Vergleich zum Schmerz, den sie unwissentlich auch mich spüren lässt. Oma sitzt da und weint um ihre verstorbene Tochter. Ich halte ihre Hand und weine um die Tante, die ich nie kennenlernen durfte. Die meisten aus meiner Großfamilie kennen diesen Schmerz. Obwohl weder Oma noch Opa ihn weitergeben wollten, war es ihnen nicht möglich, ihn vor uns zu verbergen. Und wir weinten um einen Menschen, dem nur wenig Zeit vergönnt war, der unvergängliche Fußspuren in unserer Familiengeschichte hinterlassen hat. Trotz der vielen Unterschiede zwischen meinen Großeltern ereignet sich bei Opa rund drei Jahre später fast haargenau dieselbe Szene: „Schrecklich. Unfassbar schrecklich. Wir hofften, sie würde überleben, doch sie hat es nicht geschafft. Grausam." Auch seine Wangen werden von Tränen benetzt und er schüttelt heftig seinen Kopf, als glaubte er, dadurch die grausamen Erinnerungen vertreiben zu können.

Ich kann mir den Schmerz der beiden nicht einmal ansatzweise vorstellen. Auch wenn man früher einen anderen Umgang mit dem Tod hatte, ist es bewundernswert, dass sie einen Weg zur Bewältigung gefunden haben: Sie erkannten, dass es nicht darum geht, den Verlust und Schmerz zu vergessen, sondern damit zurechtzukommen, das Leben bestmöglich weiterzuleben und offen für weitere Erfahrungen zu bleiben. Der Schmerz begleitete sie wahrscheinlich ein Leben lang, tief in ihrem Inneren fehlte etwas, das sie nie wiederfinden würden. Doch ihr Lächeln fanden sie wieder. Womöglich trug dieser Schmerz sogar dazu bei, dass sie noch mehr Freude verspüren konnten. Mit Sicherheit trug das Durchleben dieses

Schmerzes, so tragisch er sein mochte, auch dazu bei, dass sie jene liebevollen Menschen wurden, die wir Nachfahren kennenlernen durften.

„Das Leben ging weiter. Es ging weiter und wir mussten mitgehen, wachsen. Das ist der Grund, warum wir es überstanden haben: Wir hatten keine Wahl und haben uns dem Leben nicht verschlossen, sondern bestmöglich weitergelebt. Mit der Zeit gewöhnt man sich an alles. Wie ich mich als Kind daran gewöhnt hatte, als Einziger bei anderen betteln zu müssen, fand ich mich auch hiermit zurecht. Rosa wollte die Familie weiter vergrößern, und wir vollbrachten es, gemeinsam nach vorne zu schauen. Im Leben ist das möglich, man kann es schaffen. Wer sich dem Leben anvertraut, wird belohnt!"

Vaterstolz

„Es gibt eine Sache, eigentlich nur
eine einzige Sache, die ich in meinem
Leben bereue: nie den Mut aufgebracht
zu haben, meine Mutter oder Tante
zu fragen, wer mein Vater gewesen ist."

Das einzige erhaltene Foto, das Opas leiblichen Vater zeigt

„Wenn ich meine Mutter in den ersten Jahren meines Lebens auch nicht kennenlernen durfte, gibt es einen gewaltigen Unterschied zwischen ihr und meinem Vater: Wer er war, weiß ich bis heute nicht, und daran wird sich auch nie etwas ändern! Eine starke Vermutung hege ich nichtsdestotrotz: Wer anderes könnte mein Vater sein als der Heilige Geist? Wird schon so sein, da gibt's nichts zu machen."

Das Seufzen, das die letzten beiden Sätze begleitet, zeigt, wie schwer es Opa bei diesem Thema fällt, herumzualbern. Er hat es nie geschafft, das Fehlen seines leiblichen Vaters zu verkraften, nicht einmal als Einundneunzigjähriger. Wie sollte man auch? Jeder Mensch ist zuallererst Kind und hat somit Mutter und Vater. Das ist eine der wenigen unumstößlichen Wahrheiten, die jeden während seines Lebens begleiten. Als ein in diesem Bewusstsein Aufgewachsener kann ich es mir gar nicht anders vorstellen: Schließlich weiß ich, wie sich die ruhige Hand eines Vaters auf meiner Schulter anfühlt, wie sich das warme, ermutigende Lächeln einer Mutter in meiner Seele ausbreitet. Wie muss es für einen Menschen sein, der während seiner gesamten Kindheit und darüber hinaus andauernd damit konfrontiert wird, dass es *da draußen* jemanden gibt, der einen nicht wollte und den man nicht kennenlernen darf, obwohl er einen in diese Welt gesetzt hat? Dass es *irgendwo* einen gibt, der es zugelassen hat, dass man einsam aufwachsen muss? Das Wegbleiben des leiblichen Vaters fällt für Opa wohl besonders schwer ins Gewicht: Wäre dieser bei ihm gewesen, hätte er Opa vor so vielem schützen können. Sein Ausbleiben ebnete erst den Weg für Arthurs soziale Ausgrenzung und all die Gewalt, die ihm angetan wurde. Seine Zieheltern waren in vielerlei Hinsicht einfach machtlos, sodass sie Arthur nicht so behüten konnten, wie es einem Kind zusteht. Natürlich ist sein Vater nicht allein schuld an allem Schlechten, das Opa widerfahren ist. Man muss sich auch fragen, ob er überhaupt von seinem Sohn wusste. Außer Zweifel steht jedoch, dass seine Anwesenheit für Opa vieles einfacher gemacht hätte.

„Ich habe mich immer wieder mal gefragt, wer wohl mein Vater sein könnte. Als mir das ergebnislose Kopfzerbrechen zu viel geworden ist, habe ich einen Weg gefunden, mich damit abzufinden, dass ich ihn nicht kennenlernen würde. Während all meiner Lebensjahre habe ich indes einige Informationen gesammelt: Heute weiß ich, dass mein Vater ein schneidiger Pusterer gewesen ist, der in Leifers als Elektriker gearbeitet hat, als er meine Mutter kennenlernte. Genauer habe ich nicht nachgeforscht, die Fragestellung hat sich im Laufe der Jahre verflüchtigt. Scheinbar ...

Nachdem ich als Erwachsener mit meiner eigenen Familie nach Leifers gezogen war, verhielt sich ein Mann mir gegenüber äußerst aufmerksam, was in mir diese alte Frage aufkeimen ließ, weshalb ich ihn bis heute als meinen Vater vermute. Ich habe natürlich keine weiteren Anhaltspunkte, aber seine Haltung schien mir fraglich. So behandelte er mich stets gut und bot mir einmal sogar an, mir einen Meeraufenthalt zu finanzieren. Das ist natürlich ein sehr auffälliges Verhalten."

Zu dieser einen Vermutung ließ Opa sich hinreißen, jede weitere hat er vermieden. Die Unwissenheit darüber, wer sein Vater war, nagte lebenslang an ihm, daran verzweifelt ist er aber nie. Das könnte an seiner Bewältigungsstrategie liegen: Indem er sich damit abgefunden hat, dass er es nicht erfahren wird, musste er sich nicht mit Tagträumen aufhalten.

*

Opa musste sich nach der Heirat mit Oma allein in die Vaterrolle hineinfinden und hatte keine Vorbilder. Der Herausforderung „Familienvater" stellte er sich mutig und hat sie in meinen Augen gut bewältigt. Ich bin keines seiner Kinder, ein Urteil könnte am ehesten jemand von ihnen sprechen; dass ihm dieses Unterfangen gut

gelungen ist, wird dennoch niemand in Abrede stellen. Augenscheinlich hat er in dieser Rolle eine Erfüllung gefunden, die ihm durch
die Abwesenheit seines Vaters verwehrt worden war: Seit ich ihn
kenne, blickt er stets mit Freude und Selbstbewusstsein auf seine
Kinder. Mangelte es ihm an Stolz auf seinen Vater, ist er als Vater
stolz geworden. Seinen sanften Blick auf seine Kinder, Enkel oder
Urenkel werde ich nie vergessen, genauso wenig seine Dankbarkeit
für unsere bloße Anwesenheit.

Dieser Stolz, den er verspürt, wird von jedem Familienmitglied er-
widert. Seine Tochter Cristina etwa schrieb posthum folgende Zeilen:

Wenn ich an meine Kindheit denke, erinnere ich mich gern daran,
wenn der Tata mich und Martin mit dem Lkw mitnahm. Auf dem
Rückweg kaufte er uns dann immer ein Eis, das war zur damaligen
Zeit eine seltene Sache. Tata war ein lustiger Mensch, der gern
scherzte und viele Streiche spielte, selbst aber schnell beleidigt war.
Er hatte eine schwere Kindheit und hat trotzdem in seinem Leben aus
Eigenkraft viel erreicht. Er war zufrieden und glücklich, wenn seine
Familie um ihm herum vereint war, vor allem Familienfeiern genoss
er sehr.
Danke, Tata.

Seine Enkel, die eine ganz andere Seite an ihm kennenlernen durften, blicken nochmals anders auf unseren Großvater, sind aber
nicht minder dankbar. Andrea schreibt:

Un nonno che ha creato una famiglia dal niente. Una persona spe-
ciale che ci ha insegnato ad essere sempre uniti nei momenti belli,
ma soprattutto in quelli difficili. Ci ha tramandato il valore di avere
una famiglia. L'amore eterno con mia nonna, con cui ha passato più
di sessant'anni. Ha sempre detto di aver passato sessantadue anni in
guerra, dormendo sempre con il nemico. Una battuta accompagnata
sempre da un sorriso malizioso e guardando mia nonna con tanto
amore. Mio nonno, una persona umile, generosa, simpatica e sempre

con la battuta pronta. Sarà sempre il mio grande idolo e spero che
un giorno avrò una famiglia mia come la sua …[1]

Ich glaube, es ist möglich, diese Aussagen – in einer weit gefassten
Definition – dem Begriff des Vaterstolzes zuzuordnen. Das beste
Beispiel für Vaterstolz stellt jedoch sein Sohn Martin dar. Wenngleich Opa keines seiner Kinder bevorzugte und alle seine Nachkommen gleich gernhatte, erfüllte ihn sein Sohn ganz besonders mit
Stolz. Martin hat schon früh große Bekanntschaft erreicht und ist
heute als „Olivenölpapst" für seine Kochkünste berühmt. Der folgende Brief zeigt, dass sich der Sohn seines Vaters ebenso freute:
Mein Vater, mein größtes Vorbild: voller Humor, hilfsbereit und immer
für jeden da.
Zu jeder Zeit konnte ich mit Freunden und Arbeitskollegen unange-
meldet zu Hause aufkreuzen. Er hatte bei jedem Besuch Freude und
wir konnten mit ihm in seinem beliebten Keller Speck essen und sei-
nen hausgemachten Wein trinken. Meine Freunde waren immer be-
geistert von ihm und es war jedes Mal ein lustiges Zusammentreffen.
Bei meinen ersten Arbeits-Vorstellungsgesprächen hieß es immer:
‚Ah, bist du der Sohn vom Arthur? Dann kannst du gleich mit der
Arbeit anfangen. Da fehlt nichts.'
In jedem Tal Südtirols kannten ihn viele Leute; er war sehr beliebt.
Ich war immer sehr stolz auf ihn und bewunderte, wie die Leute von
ihm schwärmten.
Als Achtjähriger durfte ich einmal mit ihm in seinem Lkw den gan-
zen Tag mitfahren. Die Nacht zuvor konnte ich nicht einschlafen, weil

---

1   *Ein Großvater, der aus dem Nichts eine Familie gegründet hat. Eine besondere Person, die uns*
    gelehrt hat, in schönen Momenten vereint zu sein, hauptsächlich aber in schwierigen. Er hat uns
    den Wert vermittelt, eine eigene Familie zu haben. Die ewige Liebe zu meiner Großmutter, mit der
    er mehr als sechzig Jahre verbracht hat. Er behauptete immer, zweiundsechzig Jahre im Krieg
    verbracht zu haben, immer beim Feind schlafend. Ein Scherz, begleitet von einem schelmischen
    Lächeln, während er meine Großmutter liebevoll anblickte. Mein Großvater: eine bescheidene
    Person, großzügig, sympathisch und immer den passenden Witz parat. Er wird immer mein großes
    Vorbild sein und ich hoffe, eines Tages eine eigene Familie wie die seine zu haben.

ich so aufgeregt war und Angst hatte, dass ich am Morgen verschlafen würde. An diesem Tag hatte ich mein erstes Mittagessen im Restaurant. Ich aß meine erste Zunge mit Salsa verde.

Er gab mir zwei Ratschläge mit:

1. Schlage nie eine Frau, denn du wirst dich für diese Aktion immer schämen.

2. Wähle immer den schwierigen Weg im Leben, denn wenn es nicht klappt, kannst du immer noch den leichteren Weg gehen.

So müssen sich die hilfreichen Ratschläge eines liebenden Vaters anhören. Opa verstand es. So helfen die weisen Ratschläge eines anwesenden Vaters. Opa fühlte es.

Der tiefe Schmerz, den die Unwissenheit um die Identität des leiblichen Vaters in Opa verursacht hat, hielt in irgendeiner Form mit Sicherheit lebenslang an. Etwas Linderung konnte ihm trotzdem verschafft werden: Eine Schwester seiner Mutter schenkte ihm einmal ein Foto seines Vaters. Es ist das einzige Besitzstück, das irgendeine Verbindung zu seinem Vater herstellt. Seit ich mich erinnern kann, steht es in seinem Zimmer und wird von ihm sehnsuchtsvoll, aber auch seltsam zufrieden angeschaut. In hohem Alter gewöhnte er es sich an, das Foto einigen Familienmitgliedern zu zeigen, nachdem er es für längere Zeit in sich gekehrt betrachtet hatte, um anschließend lächelnd zu fragen: „Er war ein schneidiger Mann, nicht?" Eines kann man erkennen: Sein Leid ist, zumindest zu einem kleinen Teil, dem Stolz gewichen. Stolz auf einen Mann, den er nie kennenlernen durfte, der in seiner Vorstellung wohl das Vorbild gewesen ist, das Opa für uns, seine Nachkommen, darstellt.

Diktaturen, Krieg und Verklärung

„Angst hätte ich so oder anders keine gehabt!"

Die Zeit des Nationalsozialismus in Deutschland und des Faschismus in Italien ist wohl insofern eines der uns präsentesten Kapitel der jüngeren Zeitgeschichte, als kaum ein anderer geschichtlicher Zeitraum so schrecklich und gleichzeitig unserer westlichen bzw. europäischen Gegenwart so nahe ist. Die damit zusammenhängende paritätisch betriebene Erinnerungskultur, also die Art und Weise, wie auf politischer, sozialer und kultureller Ebene Geschichte erlebt, behandelt, interpretiert und vermittelt wird, ist in meinen Augen umso wichtiger, je mehr sich Menschen wünschen, das Thema ruhen zu lassen. In Anerkennung unseres heutigen freien und demokratischen Miteinanders in Südtirol gilt es mehr denn je, dafür zu sorgen, dass jeder von den Gefahren weiß, die mit stillem Gehorsam und politischem Fanatismus einhergehen. Ein unschätzbares Privileg, das die Nachkriegsgenerationen bis in die Gegenwart genießen dürfen, ist es, mit Zeitzeugen über die damaligen Ereignisse sprechen zu können – sofern diese dazu bereit sind. Die erlittenen oder begangenen Gräuel verfolgen manche Überlebenden bis heute, weshalb sie lieber Stillschweigen bewahren. Das verstehe ich gut, vor allem seit ich Bücher gelesen habe, in denen Kriegsveteranen von damals berichten, wie Luis Raffeiner in „Wir waren keine Menschen mehr". Auch nach Jahren des Lesens geht mir dieses Buch immer noch nahe, allein der Titel lässt mich erschaudern. Einige Bilder aus seiner Geschichte sehe ich noch heute im Geiste vor mir und ich friere ob der Kälte, die Menschen, organisiert und getrieben, in diese Welt entlassen können. Für mich steht es völlig außer Frage, ob der Erinnerung an diese Zeit irgendwann genug sein kann, jeder scheinbar noch so unbedeutende Rückblick sollte bewahrt werden. Es ist dies der Grund, der mich dazu treibt, meinen Großvater immer und immer wieder nach seinen Erfahrungen zu fragen, obwohl ich weiß, dass er nur einen Bruchteil dessen mitgemacht hat, was Soldaten an der Front durchleiden mussten. Der Gedanke, dass eines Tages all die persönlichen Erinnerungen an diese Zeit unwiederbringlich verloren sein könnten, stimmt mich nachdenklich, deshalb versuche ich mich an der Aufgabe, Stücke davon möglichst authentisch zu bewahren. Auf die Frage, wie Opa den Faschismus erlebt hat, höre ich meistens folgende Antwort: „Schöne Zeit war das keine. Ganz sicher nicht. Durch die rein italienischsprachige Schule und das Verbot jeder Ausübung der eigenen Bräuche war uns alles untersagt, was uns ausmachte. Nein, angenehm war das keineswegs."

Viele Male hält Opa sich damit auf, von diesen Einschränkungen zu erzählen und wie sehr sie sein Leben beeinflussten. Das kann man sich denken, umso interessanter ist daher sein baldiger Umschwung vom traurig-introvertierten Monolog hin zu den Freuden, die sich seine Freunde und er, wie wohl viele Südtiroler, nicht nehmen ließen. Sie wurden zwar von der faschistischen Herrschaft unterdrückt, ihre Zeichen setzten sie dennoch immer wieder, den Faschisten wurde der Aufenthalt in Südtirol nicht leicht gemacht: „Damals versuchte ich schon, mit allen Menschen zurechtzukommen, aber wir Südtiroler hatten halt auch unseren Stolz, weshalb wir uns den Faschisten nicht widerstandslos ergaben. Im öffentlichen Leben hatten wir keine andere Wahl, kleine Seitenhiebe konnten wir ihnen trotzdem hin und wieder verpassen. So zum Beispiel beim ‚Mussolini-Baum'. Ein solcher Baum stand damals in jedem Dorf, soweit ich weiß, und er wurde zu jeder Zeit bewacht, meist von mehreren Faschisten gleichzeitig. Da standen mehrere, weil sich ein Einzelner vor den Dorfbewohnern hätte fürchten müssen, die hätten ihm schon gezeigt, wo's langgeht! Denkst du, irgendjemand von uns hat diesen Baum in der Mitte unseres Dorfes akzeptiert? Wenn sie zu mehreren waren, waren sie einfach sicherer, da mussten sie keinen Angriff befürchten. Nun, da stand also dieser verhasste Baum im Dorf. Meinen Kollegen und mir, im geschäftigen Alter von fünfzehn, wurde das dann einfach zu viel. So entschlossen wir uns, diesen Schandfleck aus unserem Dorf zu entfernen. Man

Opa (erste Reihe, 2. v. l.) beim Militärdienst

muss sagen, es war nur ein kleines, frisch eingepflanztes Bäum-
chen, es schien leicht machbar. Wir einigten uns also auf einen
Plan, den wir sogleich umsetzten:

Einige lenkten die Wachen des Baumes ab, sodass meine übrigen
Kollegen und ich uns zum Baum schleichen konnten. Ich war natürlich immer an vorderster Front, wenn man sich Ärger einhandeln
konnte, diesmal auch, obwohl ich ehrlich gesagt nicht wusste, wie
groß der Ärger für uns hätte werden können. Mit Sicherheit beträchtlich. Deshalb ließen wir uns auch nicht erwischen! Kaltblütig
machten wir uns schnell daran, den jungen Baum auszureißen, was
nicht lange dauerte. Nach erledigter Arbeit flüchteten wir und versteckten uns; als die Wachen zurückkehrten, staunten sie nicht
schlecht, den Baum plötzlich auf dem Boden liegend vorzufinden.

Unser Sieg war aber nicht von langer Dauer, weil man bald darauf den Baum wieder einpflanzte. Deshalb begann am nächsten Tag das Spiel von Neuem, wieder mit dem gleichen Ausgang. Einige Tage verstrichen so, bis einer meiner Freunde einen Plan ersann und eine Säge mitbrachte. Beim folgenden Mal rissen wir den Baum nicht mehr aus, sondern sägten ihn ab, damit sie ihn nicht wieder einpflanzen konnten. Anschließend kam kein neuer Baum mehr nach. Hoho, das war ein Spaß!"

Das schelmenhafte Lächeln, das sich auf seinem Gesicht ausbreitet, lässt mich erahnen, was für ein Lausbub mein Großvater in seiner Jugend gewesen sein muss. Tom Sawyer wäre sicherlich stolz gewesen. Welch ein Vergnügen ein solcher Sieg gegen die Faschisten für die Jungen wohl darstellte! Trotzdem weiß ich, dass Arthur damals nicht alles ausschließlich als negativ empfand:

„Alle meine Freunde und ich waren als Kinder bzw. Jugendliche dazu verpflichtet, den faschistischen Organisationen beizutreten. Da durften wir uns zuerst ‚figlio della lupa', dann ‚balilla' und zuletzt ‚avanguardista' nennen. An solchen Titeln lag mir nicht viel, an den damit verbundenen Vorteilen aber umso mehr:

Als ‚balilla' und ‚avanguardista' traf man sich einmal in der Woche, am sogenannten ‚sabato fascista', mit allen Gleichaltrigen, um in Uniform zu marschieren und zu singen. Die Uniform wurde uns geschenkt, wir durften sie nur zu diesen speziellen Anlässen tragen. Man marschierte also und sang gleichzeitig faschistische Lieder. Jeder war gezwungen mitzumachen, bei Verstößen wurde das mit Schlägen geahndet. Das mag nicht gerade einladend klingen, dennoch besuchte ich diese Veranstaltungen überaus gern. Aus dem einfachen Grund, dass im Anschluss allen Teilnehmern ein belegtes Brot und ein Glas Orangenlimonade geschenkt, manches Mal sogar ein Teller Pasta ausgegeben wurde! Diese Momente liebte ich, voller Genuss aß und trank ich; um nichts in der Welt hätte ich mir diese Möglichkeit entgehen lassen!"

Im Anschluss an solche Erzählungen beginnt Opa öfters damit, ein italienisches Lied aus dieser Zeit anzustimmen. Dem Beobachter erscheint dieses Verhalten zuerst fragwürdig, schließlich hat der Faschismus den Südtirolern und Südtirolerinnen viel Schreckliches angetan. Denkt man aber genauer darüber nach, leuchtet es einem durchaus ein, wieso für Arthur diese Lieder noch immer eine Freude darstellen: Er sang sie nur aus einem einzigen Anlass und er wusste stets, dass ihn eine Belohnung erwartete, auf die er sich wohl eine ganze Woche lang freute. Für ihn waren Bräuche dieser Art keineswegs eine Belastung, vielmehr verstand er es, sie von ihrer positiven Seite her zu betrachten:

„Dann gehorchte man also und schlug das Beste für sich heraus. In diesem einen Fall. Was die Schule anbelangt, habe ich mich nie wirklich untergeordnet. Die meisten anderen auch nicht, weshalb einige Deutschnofner und ich eine Katakombenschule besuchten. Unsere lag im Wald, bestand nur aus zwei, drei Bänken und unterrichtet wurde hauptsächlich Schreiben, Rechnen und Geschichte. Klingt nicht weiter besonders, aber für uns stellte es durch die deutsche Unterrichtssprache die einzige Möglichkeit dar, an unserer Kultur festzuhalten! Natürlich nutzten wir diese Gelegenheit, ungeachtet der drohenden Gefahr. Einige von uns hielten immer nach Faschisten Ausschau, um uns notfalls rechtzeitig warnen zu können. Die normale Schule besuchte ich klarerweise trotzdem weiter, solange es mir zugestanden wurde. Das bedeutete, dass ich im Alter von vierzehn Jahren nicht mehr zur Schule gehen durfte, zumal ich ganztägig zu Hause mitarbeiten musste. Dabei hatte ich nur die dritte Klasse Grundschule erreicht und konnte gerade einmal meinen Namen schreiben. Insgesamt wäre die Schulzeit durch die faschistischen Vorgaben eine sehr triste Zeit gewesen, hätte ich mir nicht zu helfen gewusst!"

Die folgenden Geschichten – Opas Version davon – kenne ich so gut, als wäre ich dabei gewesen. Opas Schilderungen seiner Schulzeit beginnen und enden stets mit der Erwähnung eines seiner Streiche; diese Zeit stellt für ihn das Kapitel seiner Kindheit dar, von dem er am ausgelassensten und liebsten berichtet. Die Schule an sich interessierte ihn sowieso nie sonderlich, die Unterhaltung seiner Mitschüler hingegen schon. Manchmal wusste er aber auch nicht weiter, weshalb es nicht selten geschah, dass er seinen Rucksack packte und nach Hause ging, ohne die Konsequenzen zu bedenken. Sein lebensfrohes, ungezwungen ausgefallenes Wesen brachte ihm deshalb in der Schule zwei Spitznamen ein: „Mösl-Grischer" und „Windegg-Raber", einfach deshalb, weil er sich über die Regeln hinwegsetzte wie ein Räuber und die Blödsinne eines kleinen Lausbuben aufführte. Einzig, um seine Freunde zu bespaßen. Die Titel für die folgenden Episoden habe ich mir ausgedacht, es liest sich so besser, wenn man schon nicht die Möglichkeit hat, meinem Opa beim Erzählen zu lauschen:

1. Wie ich die Ruten das Fürchten lehrte

„Es war üblich, dass Schüler bestraft wurden. Meist kamen dafür Ruten zum Einsatz, die sehr schmerzvoll waren, Ruten, die alle fürchteten. Eine Schülerin brachte sie in die Schule mit, ihren Namen weiß ich noch genau. Aufgrund ihrer ‚Geschenke' an die Lehrerin mochten wir sie alle nicht sonderlich. Obwohl immer wieder neue Ruten gebracht wurden, wusste ich meine Mitschüler zu bewahren: Nach der Bestrafung eines Schülers ging ich häufig zum Rutenbündel, nahm es in die Hand, zerriss es und warf es weit aus dem Fenster hinaus. Dafür wurde ich natürlich bestraft, mit einem Meterstab wurden mir Schläge auf die Hand gegeben, zwar nur wenige, aber sehr qualvolle. Die vorausgegangene Freude meiner Mitschüler ließ mich die Schläge jedoch tapfer ertragen, und für meine Tat wurde ich anschließend von allen beklatscht und gefeiert."

2. Wie ich bei den Carabinieri meine Schauspielkünste entdeckte

„Nachdem ich die Ruten der Lehrerin ihrer Ansicht nach zu oft zerbrochen hatte, ging sie einmal mit mir in die Carabinieri-Kaserne, wo sie von meinen Untaten erzählte. Die Carabinieri ermahnten mich, ich solle dies nicht mehr tun, und forderten von mir, mich bei der Lehrerin zu entschuldigen. Hätte meine Entschuldigung sowohl die Lehrerin als auch die Beamten überzeugt, wäre es mir erlaubt gewesen, weiter die Schule zu besuchen. Ich legte mich ins Zeug, denn obwohl ich nicht der größte Fan von Schule war und lieber gearbeitet hätte, wollte ich mich nicht unwiderruflich von meinen Freunden trennen. Ich entdeckte mein Talent als Schauspieler und bewerkstelligte es, alle von meiner scheinbar tiefen Reue und meiner festen Entschlossenheit zur Besserung zu überzeugen. Ich kam in die Gunst der Lehrerin und behandelte sie ab sofort stets gut – auch ihre Ruten blieben fortan verschont. Nicht immer, aber meistens. Derselben Lehrerin trug ich daraufhin öfters im Jahr ihr geliefertes Holz in die Wohnung, da sie dies nicht alleine schaffte. Gut fünfzig Jahre später traf ich sie zufällig in Trient wieder, und sie erkannte mich genauso schnell wieder wie ich sie. Auch ihren Namen werde ich wohl nie vergessen, sie hatte mich nämlich gern, obwohl ich kein guter Schüler war.“

An dieser Geschichte kann man einen interessanten Wesenszug meines Großvaters erkennen: Die Lehrerin, deren Ruten er so oft zerbrach, war bei den Schülern nicht sehr beliebt, obwohl sie laut den Aussagen meines Opas eine angenehme Person war. Ihr Unterricht – abgehalten in Italienisch – war aufgrund des Sprachunterschiedes verhasst. Ebendiese Lehrerin war es, die am meisten unter Opas Rebellionen litt, doch als er bemerkte, dass sie ihm im Grunde genommen nicht böse gesinnt war, sondern nur ihre Aufgabe zu erledigen versuchte, entschloss er sich (wohlgemerkt: als junger

Bub), ihr nicht mehr so zur Last zu fallen. Diese Haltung sollte er bis zum Ende seiner Tage beibehalten: Wann immer ein Mensch ihm freundlich gesinnt war, aber einer anderen Partei angehörte, versuchte er sein Möglichstes, um diesem auf Augenhöhe zu begegnen. Oder wie er als gestandener Mann zu mir sagte: „Jene, die mich respektieren, werde ich genauso respektieren!" Er verstand es also, die Lehrerin mit ihren Pflichten nicht als „Feindin" abzutun, sondern auch ihre Haltung den Schülern und Schülerinnen gegenüber zu sehen. Weil er mit dieser gut zurechtkommen konnte, unterstützte er sie. Natürlich erst, nachdem ihm vor Augen geführt worden war, dass sie trotz seiner Regelüberschreitungen Nachsicht walten ließ und seiner Rückkehr in die Schule nicht im Wege stehen wollte.

3. Der Hahn im Schrank

„Einer meiner Lehrer hatte mit einer anderen Lehrerin eine Liebschaft laufen und besuchte sie deshalb während seines Unterrichts oft in der Klasse nebenan. Für mich schien dies wie eine Einladung, unartig zu sein. Ich sprach mich mit einem Freund ab und entschied alleine, wie der Streich abzulaufen hatte: Den Freund sperrte ich in einen großen Schrank in der Klasse, ich selbst stieg auf den Ofen hinter der Tür. In jedem Klassenzimmer gab es einen solchen Ofen, der im Winter jeden Tag vor Schulbeginn von der Hausmeisterin geheizt wurde. Ich stieg also hinauf und wartete freudig und aufgeregt auf das Eintreten des Lehrers. Auch die gesamte Klasse erwartete zappelnd den Moment, in dem der Spaß endlich beginnen würde. Und dann war es so weit: Der Lehrer trat nichtsahnend ein, ich sprang vom Ofen und erschreckte ihn mit Gebrüll. Nachdem er den ersten Schock überwunden hatte, nahm er mich ins Visier. Ich erkannte, dass es Prügel geben würde, und flüchtete deshalb vor ihm, quer durch die Klasse zwischen den Bänken meiner Mitschüler hindurch. In diesem Moment ging mein genialer Lausbubenplan auf; nämlich hatte ich denjenigen, den ich in den Schrank gesperrt hatte, zuvor beauftragt, lauthals ‚Kikeriki‘ aus dem Schrank zu rufen, sobald ich den Lehrer erschreckt hätte. Und so vernahm man, während ich durchs Klassenzimmer gejagt wurde, das nachgeahmte Krähen eines Hahnes. Der Lehrer hielt inne und machte den Ursprung des Geräusches sofort aus: der einzige im Klassenzimmer stehende Schrank! Zielsicher strebte er schnellen Schrittes den Schrank an, sperrte ihn auf und holte den Schuldigen heraus. In der Zwischenzeit setzte ich mich wieder ganz scheinheilig und unauffällig an meinen Platz und tat so, als wäre nichts geschehen. Der Lehrer war in den nächsten Minuten damit beschäftigt, den erwischten Täter zu bestrafen. Als er den zweiten Schuldigen suchte, fand er ihn aber nicht. In der Aufregung hat er das Gesicht desjenigen vergessen, den er vorhin um die Bänke gejagt hatte. Auch wurde ich von niemandem verpfiffen, nicht mal mein bestrafter Freund rückte eine Silbe heraus. Und so kam ich, dank der Loyalität meiner Kameraden, ungeschoren davon.“

4. Warum ich gern unartig war

„Nicht selten wurde ich bestraft. Einmal war ich zu laut, einmal war ich zu unruhig, und zwischendurch warf ich die Ruten der Lehrerin aus dem Fenster. Die Kreativität der Lehrenden bei der Bestrafung hielt sich in Grenzen: Hatten sie keine Ruten mehr zur Verfügung, taten ihnen ihre eigenen Finger vom Ohrenlangziehen weh oder sahen sie schlicht ein, dass keine der Bestrafungen bei mir wirken würde, forderten mich die meisten nach einiger Zeit auf Italienisch auf: ‚Arturo‘, auf diesen Namen war ich getauft, ‚setz dich zur Stoaner-Moidel, sofort!‘ Oh, neben einem Mädchen sitzen! Heute klingt das nicht schlimm, aber für damalige Verhältnisse war das eine Schande. Doch mir blieb keine Wahl, und ich kam der Aufforderung nach. Alle anderen Schüler lachten mich aus, und da dies sehr oft geschah, wurde mir schon bald der Spitzname ‚Kittelschmecker‘ verliehen. Natürlich eine Schmach für einen stolzen Buben. Aber ich ignorierte diese Beleidigungen und konnte die Strafe sogar genießen: Meine Banknachbarin hatte immer einige Brote für die Jause mit, und bereitwillig gab sie mir welche ab, da ich ja nie eigenes Essen mitbringen konnte. Da nahm ich auch gern den Beinamen ‚Kittelschmecker‘ in Kauf: Zumindest wurde ich davon satt.“

Trotz der vielen vergangenen Jahre erinnert sich Opa auch noch im hohen Alter gern an seinen Spitznamen „Kittelschmecker“. Er lacht kurz und herzhaft darüber, bevor er auf meine Oma zu sprechen kommt und auf ihren wenig schmeichelhaften Spitznamen verweist: „Buabmenroll“, weil auch sie nicht davon ablassen konnte, dem anderen Geschlecht etwas näherzutreten, als es in der damaligen Zeit üblich war. Zweifellos zwei passende Gegenstücke.

*

Ich weiß um die kleinen Freuden, die Opa während der Zeit des Faschismus trotz allem zu erkennen verstand, genauso wie ich (theoretisch) um die Dinge weiß, die ihm von diesem Regime geraubt wurden. Letztere sind deutlich in der Überzahl, obwohl er sich eher an erstere erinnert. Damit sind schönere Erinnerungen verbunden, diese teilt er lieber, weswegen ich mit ihm nie lange über die negativen Ereignisse reden kann. Auf die Frage, was der glücklichste Moment in seinem Leben war, dauert es nie lange, bis er antwortet: „Der Einmarsch der Deutschen, also das Ende des Faschismus!“

Dies scheint nicht verwunderlich, trotzdem werde ich immer wieder von dieser Antwort überrascht. Vor allem ist es die Schnelligkeit und Bestimmtheit, mit der er mir antwortet. Teilweise lassen mich diese zwei Eigenschaften seiner Antwort etwas an ihrem Wahrheitsgehalt zweifeln. Man verstehe mich nicht falsch: Mit Sicherheit könnte dieser Moment einer der glücklichsten in seinem Leben gewesen sein, aber die Weise, auf die er sonst von diesen Jahren spricht, lässt mich skeptisch werden. Zudem durchdenkt mein Opa nicht immer jede seiner Antworten genau und reagiert oft nur impulsiv, was Gespräche über solche Themen häufig sehr schwierig gestaltet. Das soll ihm nun nicht angekreidet werden, es spricht aber dafür, dass ich hier nur eine Perspektive auf sein Leben schildern kann, die der Wahrheit wohl nur ansatzweise gerecht wird. Doch ist Wahrheit überhaupt jemals mehr als eine Perspektive, auf die sich die Menschen geeinigt haben? Zwischenmenschliche Wahrheiten sind, anders als wissenschaftliche, immer nur relativ. So ist auch mein Blick auf Großvaters „Wahrheit" wohl nicht komplett. Dennoch ist es mir eine Herzensangelegenheit, das mir innewohnende Bild meines Opas – gemalt von den gemeinsamen Erfahrungen und den vielen Gesprächen sowie unzähligen gemeinsamen, ruhigen Momenten – so weiterzugeben, wie es sich mir geboten hat.

*

Zurück zum Einmarsch der Deutschen in Südtirol im Jahr 1943, als Arthur fünfzehn Jahre alt war. Was dieser Einmarsch für die Südtiroler Bevölkerung bedeutet haben mag? Opa empfand ihre Besatzung als Wiedererlangung eines Reichtums, der den Südtirolern zu lange Zeit versperrt gewesen war: ihre Kultur, das uneingeschränkten Ausleben der eigenen Identität und die Freiheit, nicht mehr in Angst leben zu müssen. Endlich war es ihnen möglich, der eigenen Wurzeln stolz zu gedenken – für meinen Großvater zum ersten Mal. Nur wenig in seinem Leben machte ihn seinen Aussagen zufolge glücklicher, kaum etwas vervollständigte ihn mehr als dieser Moment, dem die Wünsche, Hoffnungen und Träume eines Großteils der Bevölkerung innewohnten. Dass bei den Nazis uneingeschränkte Freiheit genauso unmöglich war wie bei den Faschisten, hinterfragte Opa indes nicht weiter.

„An das Ankommen der Nationalsozialisten erinnere ich mich gern, endlich wurden wir befreit! In der darauffolgenden Zeit ging es mir gut, zum Beispiel wurde einmal im Monat auf dem Dorfplatz ein

Film gezeigt, mein Lieblingsfilm damals war ‚Die Geierwally'. Die Stunden auf dem Platz werde ich nie vergessen.

Mit den neuen Umständen waren trotzdem nicht alle einverstanden, zumindest was den Militärdienst anbelangte. So mein Ziehbruder: Er und einige seiner gleichaltrigen Freunde hätten ins Heer einrücken müssen, was sie nicht wollten. Sie versteckten sich deshalb im Wald und baten mich, ihnen regelmäßig Essen und Trinken zu bringen. Ein Jahr lang tat ich das täglich, brachte ihnen Essen, das ich mit meinem eigenen Geld bezahlte. Ich wollte ihnen helfen. Die drohenden Strafen machten mir keine Angst. Wie so oft in meinem Leben ist es dann gut ausgegangen und ich bin froh, es getan zu haben! Das Einzige, was mich an der Sache schon immer gestört hat: Nie hat sich einer von ihnen bei mir bedankt. Aber was solls? Nach dieser Zeit begann auch ich, in der Landesverteidigung eine Rolle zu spielen: Bei den Etschwerken in Kardaun wurde mir die Aufgabe zugeteilt, Wache zu halten. Als Mitglied des Südtiroler Ordnungsdienstes, kurz SOD, hatte ich diese Aufgabe eine Woche lang inne. Die Gefahren, die drohten, waren potenzielle Sprengungen oder Bombenangriffe, in dieser Woche verlief aber alles reibungslos. Um ehrlich zu sein, genoss ich diese Zeit, weil ich gutes Essen bekam! Danach hielt man mich auf Abruf, theoretisch hatte ich meinen Teil bereits geleistet. Die Anfragen reicher Bauernkinder aus Deutschnofen, ob ich nicht an ihrer statt den Dienst leisten könnte, nahm ich gern an, gutes Essen und eine Bezahlung lockten!"

*

„Als die Deutschen Südtirol besetzten, wurde ich zudem Mitglied der Hitlerjugend. Es war ähnlich wie bei den Faschisten, nur gefiel es mir und meinen Freunden deutlich besser, weil wir endlich Deutsch sprechen durften und alles verstanden. Einmal im Monat traf man sich, und eine sehr bekannte Persönlichkeit kam dafür eigens zu uns: Willy Acherer. Dieser war Ausbilder und ein begeisterter Anhänger Hitlers. Er hielt Reden und versuchte, alle Südtiroler endgültig von Hitlers Plänen zu überzeugen. Deshalb kam er auch einmal im Monat nach Deutschnofen und hielt Vorträge und Reden. An seine radikale Art erinnere ich mich noch heute: Als einer unserer Ausbilder hielt er seine Vorträge auf eine sehr energische und scharfe Art. Und beim Marschieren und Singen musste immer alles in Ordnung sein, niemandem durften Fehler unterlaufen. Wir waren meist in einem größeren Raum, sodass wir ihn alle gut verstehen konnten und er uns unter Beobachtung hatte!

Einmal im Jahr wurden alle Mitglieder der Hitlerjugend zu einem Aufmarsch in Bozen aufgerufen. So auch im Februar 1945. In Bozen mussten wir dann alle marschieren, und viele wurden gemustert. Viele meiner gleichaltrigen Kameraden waren auch vor Ort, und nach dem Marschieren mussten alle Älteren und manche Gleichaltrige, wie auch ich, Schlange stehen. Wozu genau, wussten wir nicht. An der Spitze der Schlange angekommen, sagte man mir schroff: ‚Hier unterschreiben!' Da sich keiner vorher gewehrt hatte und alles in Ordnung zu sein schien, tat ich es ohne weitere Überlegungen. Als alle unterschrieben hatten, hieß es: ‚Alle haben gerade unterschrieben, freiwillig zur SS zu gehen!' Unter uns löste das keine Empörung aus, alle gaben sich mit dieser Information zufrieden. Man fuhr nach Hause und das Leben ging beständig weiter, bis es einige Wochen später hieß, ich müsste einrücken. Zusammen mit einigen wenigen Gleichaltrigen und deutlich mehr Älteren, die ich fast alle kannte, wurde ich zum Bahnhof gebracht, wo wir in einen Zug stiegen, der nach Villach fuhr. Dort durchlief ich eine zweimonatige Grundausbildung, während der die Gedanken aller Anwesenden immer wieder auf die Front gerichtet waren. Es hieß nämlich, nach Beendigung der Ausbildung müssten alle an die Front. Obwohl wir täglich damit konfrontiert waren, machte ich mir nicht sonderlich viele Gedanken darüber. Auch damals hatte ich vor der Front keine Angst, ich hatte niemals Angst. Genaueres über die

Front oder was mich dort erwarten würde, wusste ich nicht, vom eigentlichen Krieg habe ich überhaupt nicht viel mitbekommen. Mehr als die knappen Erzählungen einiger Verwundeten bekam ich nie zu hören. Somit war es mir nicht möglich, mir ein vollständiges Bild zu machen. Angst hätte ich so oder anders keine gehabt! Doch weiter darüber nachzudenken, bringt nicht viel, denn ein unerwartetes Glück traf mich. Da ich im März eingerückt war und die Ausbildung zwei Monate in Anspruch nahm, konnte ich sie nicht ganz beenden. Am 8. Mai 1945 war der Krieg zu Ende. Keine Front für mich!"

Er beteuert immer wieder, keine Angst vor der Front gehabt zu haben. Ich befürchte, eine solche Haltung ist entweder auf Unwissenheit oder Selbstüberschätzung zurückzuführen. Weil ich das so sehe, kommt mir immer dann, wenn wir über dieses Kapitel seines Lebens sprechen, vor, dass ich im Unterton seiner Stimme tiefe Erleichterung heraushöre. Mir scheint sogar, dass in seinen Worten all die Schrecken der Front unterschwellig enthalten sind. Dies führt so weit, dass ich höre: „Hätte der Krieg nur ein wenig länger gedauert, wäre ich in den Tod geschickt worden!" Das sagt Opa nie so, im Gegenteil: Er ist sich seiner gesprochenen Worte vollkommen bewusst und felsenfest von ihnen überzeugt. Meine etwas verschobene Wahrnehmung liegt daran, dass wir in der Schule diese Zeit fundiert behandelt haben, ich also erahnen kann, was ihn an der Front erwartet hätte. Aus diesem Grund bin ich davon überzeugt, dass ein kleiner, wenngleich winziger Teil in ihm unendlich froh über diesen frühen Kriegsausgang ist. Seine Aussagen könnten auch bloß davon beeinflusst sein, dass er seine Angst nicht öffentlich zugeben würde. Es ist natürlich auch möglich, dass mein Opa wirklich so ist, die Dinge widerspruchslos hinnimmt, wie sie kommen, ohne genauer darüber nachzudenken, was auch jede Form der Angst überflüssig werden ließe. Er legte zwar oft eine solche Haltung an den Tag – muss es aber bei solchen Ereignissen nicht anders sein?! Wie erging es zuerst anderen heutigen Bundesdeutschen und später den Südtirolern in Bezug auf ihre nationalsozialistische Vergangenheit? War er diesen etwa ähnlich, was Bedenkenlosigkeit und blinden Gehorsam betrifft? Bei ihm lag jedoch kein nationalsozialistischer Wahn zugrunde, obwohl er in der Hitlerjugend nationalsozialistisch indoktriniert worden war. Woher seine gleichgültige Haltung dann kommt, vermag ich nicht zu sagen. Korrekt finde ich sie nicht, denn es sind solche Haltungen, dieses blinde Akzeptieren und (bewusste) Wegschauen, die solchen Regimes überhaupt Platz bieten. Es kommt immer auf die breite Mehrheit an, und wenn diese haltungslos bleibt und den Entscheidungen von oben hörig ist, wird den Radikalen unter uns in die Karten gespielt. Damit will ich nicht postulieren, dass ich dem widerstanden hätte, keineswegs. Die Macht des Nationalsozialismus lag eben hierin: Auch jene Menschen, die nicht „böse", die nicht radikalisiert waren, ließen sich mittreiben. Und so geschah, was nie hätte geschehen dürfen.

*

„Mit dem Kriegsende war noch lange nicht alles gut: Meine Kollegen und ich standen nun vor dem Problem, wie wir nach Hause kommen sollten. Der Zugverkehr fiel verständlicherweise aus, wir entschlossen uns deshalb dazu, den Nachhauseweg zu Fuß anzutreten. Wir hatten keine Ahnung, wie lang das dauern würde, wir wussten einzig, dass wir heimwollten! Ich glaube heute zu wissen, dass es ungefähr zweihundertfünfzig Kilometer sind. Die Sehnsucht nach der Heimat war einfach groß, weshalb wir immer frühmorgens starteten und ohne längere Pausen bis zum Einbruch der Dunkelheit gingen. Abends war glücklicherweise immer ein Bauernhof in der Nähe, der uns freundlich aufnahm, einfach verpflegte und uns ein Nachtlager anbot. Untertags ging es immer weiter, meist auf Waldwegen oder Straßen in der Nähe des Waldes. Es geschah nicht selten, dass wir deutschen Soldaten auf ihrer Flucht begegneten.

Orientiert haben wir uns an den Namen der Dörfer, die uns geläufig waren. Nach fünf Tagen hatten wir Bozen erreicht, von dort war es nicht mehr weit nach Deutschnofen."

Mir sind einige der vielen Heimkehrergeschichten von Frontsoldaten aus dem Zweiten Weltkrieg bekannt, im Vergleich dazu ist die Geschichte meines Opas nur ein Spaziergang; als seine letzte Erfahrung aus dem Krieg ist sie für mich besonders deshalb erwähnenswert, weil er sie immer mit Stolz erzählte und mit ihr beweisen wollte, dass auch er in Bezug auf den Krieg einiges erlebt hatte. Ich erzähle sie, weil wir jene schlimme Zeit nie vergessen sollten. Weder die Gräuel, die mit dem Krieg einhergingen, noch die Befreiung, die uns das Kriegsende schenkte.

*

„Weißt du, was ich mir oft denke, wenn ich heute Zeitung lese oder Nachrichten schaue? Es geht uns einfach zu gut, die Leute wissen heutzutage nichts mehr wirklich zu schätzen und sehen sich immer nach einer Möglichkeit um, sich mit anderen aufzuregen. Eine tiefe Undankbarkeit hat die Wurzeln unserer Gesellschaft ergriffen, eine Heilung ist nicht in Sicht. Im Gegenteil, es wird immer schlimmer. Wenn ich bloß von solchen Übergriffen höre, wo radikalisierte Personen unschuldige, friedfertige Menschen verletzen oder gar töten, werde ich furchtbar wütend und traurig."

Während wir hierüber im Garten unseres Hauses sprechen, begrüßt uns Leo Sölva, ein Nachbar, und Opa bittet bzw. drängt ihn herein. Leo, der Arthur schon kennt, folgt dieser Aufforderung gern, worauf Opa mich in den Keller schickt, um Wein und Gläser zu holen. Während ich mich entferne, erkundigen sie sich gegenseitig nach ihrem Wohlbefinden.

Mit dem Wein in der einen und den Gläsern in der anderen Hand kehre ich zurück, Opa nickt erfreut mit dem Kopf, empfängt den Krug und macht sich ans Ausschenken. Leo ist darauf bedacht,

Arthur in seiner Freigiebigkeit zu mäßigen, am Ende muss er trotz allen Bemühens ein gut gefülltes Glas in Empfang nehmen. Opa bedankt sich bei mir und fährt sogleich mit dem Gespräch fort. Ich höre nicht genau hin, in diesem Moment interessiere ich mich mehr für die Person Leo Sölva. Hie und da habe ich einige Fetzen seiner Geschichte aufgeschnappt, ein genaues Bild konnte ich mir nie machen. Ich weiß, dass er als junger Mann an die russische Front geschickt worden war, um dort für das „Vaterland" sein Leben zu lassen. *Schaudern.* Wider Erwarten hat er überlebt – um anschließend, wie ich zu wissen glaube, gefangen genommen zu werden. Nachdem er auch dies überstanden hatte, trat er den weiten Heimweg an und kam nach langer Zeit endlich zu Hause an. *Freude, sogleich verdrängt von tiefem Mitgefühl.* In den folgenden Jahren hat er nur äußerst ungern und wortkarg über seine Erfahrungen gesprochen. Bis heute ist das so, verständlich: Die Hölle, die er durchlaufen hat, steht der christlichen wohl in keiner Weise nach. Meine Mutter sagt immer, er sei ein weiser, belesener Mann, den die schrecklichen Erfahrungen im Krieg gezeichnet haben. Nicht geknickt, aber gebrannt. Die wenigen Male, die ich ihn bisher gesehen habe, schien er mir auch so: Seine bedachte Wortwahl, sein sanfter Ton und seine überlegten Aussagen sind Zeichen seiner Weisheit – einer Weisheit, die aus Büchern und aus dem Leben stammt. Eine seltene, wertvolle Mischung.

Sie sprechen immer weiter, ich höre immer noch nicht hin. Die Faszination, die dieser Mann auf mich ausübt, ist gewaltig. Er sitzt heute hier, nach über neunzig Jahren, einen Krieg hinter sich, ein zufriedenstellendes Leben ebenso, soweit ich das beurteilen kann. *Gänsehaut.* Die Leistungs- und Strapazierfähigkeit des Menschen ist unglaublich.

Ich kehre aus meinen Gedanken zurück, als sie das gewalttätige Verhalten einiger Menschen besprechen, von dem man immer wieder im Radio oder Fernseher hört bzw. sieht. Ein ähnliches Gespräch, wie ich es vorher geführt habe. In Gesellschaft von Leuten, die nicht zur Familie gehören, ändert sich Opas Verhalten öfter etwas. So auch hier: Er spricht nicht mehr darüber, dass ihn solches Verhalten wütend und traurig mache. Nun liegt sein Hauptaugenmerk auf der fehlenden Ordnung, die unsere Gesellschaft ausmache. Er spricht mir kräftiger Stimme und bewussten Worten:

„Ja, an Ordnung mangelt es schon gewaltig! Früher war das nicht so, da herrschte Ordnung. Bei Hitler gab es Ordnung, Hitler bräuchte es wieder einmal! Denk dir: Zwei Beitragsjahre für die Pension wurden mir vom deutschen Staat anerkannt aufgrund meiner Ausbildung in Villach! Das nenne ich Organisation!"

Allein die Aussage, es bräuchte Hitler wieder, ist mir zu viel. Ich sehe Leo an, der nach diesen Worten schweigt, gar nicht zu reagieren scheint, seine Haltung erschließt sich mir nicht ganz. Opa redet meiner Ansicht nach nur deshalb so von Hitler, weil er einerseits nicht genau weiß, wofür Hitler verantwortlich war, und Hitler andererseits für ihn vermeintlich wirklich nur Gutes gebracht hat, er also keinen Grund hätte, ihn kritisch zu beäugen. Dank Hitler wurde er, wurde Südtirol vom Faschismus befreit! Dass Hitler im Grunde genommen für den Weltkrieg verantwortlich war, beachtet er nicht weiter. In seinen Augen hat Hitler das meiste richtig gemacht, sein einziger Fehler hätte darin bestanden, *„gegen die Juden zu gehen. Denn den Juden wirst du niemals ausrotten!"*. Diese Inschutznahme eines Monsters, die nicht vorhandene Schuldfrage und die Darstellung der Juden in Form einer einzigen Person („den Juden", dem somit die Individualität abgesprochen wird), die man nie loswerden würde – was also impliziert, man müsse sie loswerden –, sind für mich wie ein Schlag in die Magengrube. Bei aller Liebe zu meinem Opa zeigen mir solche Aussagen, die ich eigentlich äußerst selten von ihm höre, wie wenig Ahnung er von den Ereignissen des Weltkrieges hat. Er ist in dieser Hinsicht für mich keine Autorität, nur weil er diese Zeit miterlebt hat.

Ich nehme mir ein Beispiel an Leos Reaktion und beschließe, die Aussagen zu ignorieren. In manchen Fällen ist das einfach besser. Sonst läuft man Gefahr, dass sich die konträren Positionen verhärten und es zu einem Konflikt kommt, der keiner der beiden Parteien etwas nützt. Leo und Arthur reden weiter über die aktuellen Ereignisse und ich genieße die Ruhe, die Leos Anwesenheit verbreitet. Daraus werde ich unvermittelt gerissen, als mein Opa wiederum einige unüberlegte Worte spricht:

„Bei alledem, was in der Welt vorgeht, wie die Menschen sich verhalten, denke ich mir nur eines: Einen Krieg bräuchte es wieder!"

Es kommt wirklich nur selten vor, dass Opa mit jemandem über solche Themen spricht, dementsprechend rar sind die gedankenlosen Aussagen, die er dazu tätigt. Es kommt dennoch vor. Wenn ihm scheint, die Stimmung passe zu solchen Aussagen, tendiert er zu solch unüberlegten Stammtischparolen. Ich bin weit davon entfernt, ein Urteil sprechen zu wollen, es geht mir einzig darum, die Person meines Großvaters möglichst facettenreich zu schildern.

Die Reaktion von Leo – vom alten, weisen, standhaften Leo – ist umso erstaunlicher: Arthur hat diese Worte zum Krieg gesprochen und redet weiter, als Leo erstarrt und ins Leere zu blicken scheint. Nur langsam, sehr zaghaft, rührt er sich nach Augenblicken der vollkommenen Regungslosigkeit. Sein Blick, noch immer ins Nichts gerichtet, kehrt nach und nach zu Arthur zurück, er spricht behutsam und umso bedachter folgende Worte: „Nein. Nein. Einen Krieg braucht es nie mehr!"

Die wenigen Worte, begleitet von abgründigen Erinnerungen und verschlossenen Gefühlen, offenbaren mir eine Wahrheit: Mein Opa hat in seinem Leben viel erlebt, kann bei vielen Dingen mitreden, beim Krieg aber nicht. Er dürfte es sich nicht anmaßen, die Notwendigkeit eines neuen Krieges zu postulieren. Mitglied des Frontkämpfervereines ist er, genauso wie auch er kriegsbedingte Erfahrungen gesammelt hat. Über die Front, also den „wahren" Krieg, kann er allerdings nichts sagen. Vielleicht ist es auch genau das, was ihn zeit seines Lebens störte: Als die älteren Frontkämpfer noch im Verein waren, haben sie jüngere Mitglieder des Vereines wie meinen Opa wegen ihrer mageren Erfahrungen im Krieg oft nur belächelt. Das wird für meinen Opa natürlich nicht angenehm gewesen sein, weshalb er noch nach Jahren Wiedergutmachung sucht und mit Leo über den Krieg so sprechen will, wie rohe Soldaten es getan hätten. Dabei hat er die Rechnung nicht mit Leos Belesenheit und Sensibilität, mit dessen Menschlichkeit gemacht, die den Krieg zutiefst verabscheut.

*

Eine chinesische Volksweisheit lautet: „Tiefe Weisheit wächst aus starken Zweifeln." Solche Zweifel konnte Opa sich zeitlebens wohl nicht leisten, er dachte über die Dinge eher wenig nach, sondern lebte sie, setzte um, was ihm möglich war. Bestimmte Zweifel werden ihn sicherlich lebenslang begleitet haben. Opa wurde durch seine Lebenserfahrung weise, was sich etwa in seiner zwischenmenschlichen Güte zeigte. Bei solchen Diskussionen merkt man aber, dass die andere Form von Weisheit genauso wichtig ist. Manchmal gehen beide Hand in Hand, wie bei Leo Sölva, manchmal nicht. Es verhält sich gleich wie zwischen Bauern- und Schulschläue: Erstere rührt von praktischer Erfahrung her und ist in vielen Lebenssituationen hilfreich. Schule hingegen trainiert im Idealfall eine andere Form der Intelligenz, in der heutigen Welt und für unsere Zukunft genauso wichtig wie erstere. Leider tendieren die jeweiligen Vertreter oft dazu, ihre Form der Weisheit als *die bessere* darzustellen. Opa neigte als Bauernschlauer auch dazu, den Wert des Schulwissens kleinzureden. Oftmals schimpfte er:
„Je mehr sie studieren, desto blöder werden sie!"
Diese Worte waren meist auf die Politik oder Lösungen neuartiger Probleme bezogen, die scheinbar jeder Logik entbehrten. Ich kann

seine Haltung verstehen, zumal mir bei einigen unserer Probleme wirklich manchmal der Realitätsbezug oder der Hausverstand zu fehlen scheint. Für unsere komplexe Gesellschaft sind trotzdem beide Formen der Schläue bzw. Weisheit unverzichtbar, folglich können sie nicht gegeneinander aufgewogen werden. Das Missachten einer der beiden bringt stets Nachteile mit sich.

Ich habe lange damit gehadert, ob ich diesen Aspekt meines Opas ins Buch schreiben und somit diese dunkle Seite von ihm offenbaren soll. Geholfen hat mir ein Satz, den er häufig wiederholt hat, wenn es um das Recht zu sprechen ging: „Du darfst alles sagen, solange es der Wahrheit entspricht. Die Wahrheit kann man immer aussprechen! Deshalb darfst du auch alles schreiben, was ich dir erzählt habe!"

Ganz überzeugt hat mich diese Aussage trotz allem nicht, Gewissensbisse verfolgten mich: Würde es von oberflächlicher Liebe zu meinem Großvater zeugen, wenn ich ihn an solchen Aussagen festmache? Nach langen Überlegungen kann ich diese Frage mit Nein beantworten. Denn ich nagle ihn nicht auf diese Aussagen fest, ich erwähne nur, dass er sie manchmal getätigt hat. Von mangelnder Liebe würde eher zeugen, wenn ich sie verdrängen würde. Ich bin überzeugt, der Sinn der Liebe (falls Liebe überhaupt einen Sinn braucht) besteht nicht darin, dass uns unsere Mitmenschen „schön" erscheinen. Liebe soll uns nicht ein Bild des Nächsten vermitteln, das nicht der Wahrheit entspricht. Sie sieht nämlich alles: einen Menschen gleichermaßen in seiner Pracht und in seiner Fehlerhaftigkeit; anschließend schreckt sie auch nicht davor zurück, das Positive wie das Negative anzusprechen.

*

Ein weiteres Anliegen ist mir, die Haltung meines Opas zur Lage Südtirols als Teil Italiens zu betrachten: Obwohl er unter dem in Italien herrschenden Faschismus in seiner Kindheit und Jugend gelitten hat, bin ich überzeugt, dass er sich rasch damit abgefunden hat. So auch mit der Tatsache, dass Südtirol zu Italien gehört. Es liegt nicht in meiner Absicht, hier eine politische Debatte zu eröffnen, denn ich weiß, wie hitzig diese Diskussion bei uns geführt wird. Dennoch behaupte ich, dass Arthur eine Rückkehr Südtirols zu Österreich nie vehement gefordert hat. Mindestens nicht in den Jahren, in denen ich ihn kannte. Genauso wenig war er einer Rückkehr Südtirols abgeneigt, vorwiegend schien ihm aber der Gedanke zuzusagen, dass Südtirol „die beste" Region Italiens sei, eine Überzeugung, auf die er jahrelang stolz war. Die geschichtlichen Aspekte kümmerten ihn wenig – solange es den Südtirolern gut ging, war es für ihn in Ordnung. So ließ er das Thema in den letzten Jahren ruhen, sofern er überhaupt jemals darüber gegrübelt hat. Viele seiner Freunde waren Italiener, weshalb er eine nationalistische Denkweise wohl bald abgelegt hat. Wenn man ihn als heimatverbundenen Südtiroler zum Wunsch der Rückkehr Südtirols zu Österreich fragte, so befürwortete er dies, er selbst wirkte dennoch seit jeher auf mich unvoreingenommen, weshalb ich nie das Bedürfnis hatte, mit ihm darüber zu sprechen. In dieser Hinsicht deckt sich seine Weltoffenheit mit meiner: Der enge Kontakt zu anderen Kulturen kann einen Menschen ungemein bereichern. Trotz aller Spannungen, zu denen es im Laufe der Jahrzehnte zwischen Südtirol und Italien gekommen ist – von denen ich keine persönlich miterlebt habe –, habe ich fast nur Positives aus meinem bisherigen Leben als Deutschsprachiger in Italien zu berichten. Dies fußt verständlicherweise auf der harten Arbeit großer Südtiroler und Südtirolerinnen sowie auf dem Entgegenkommen der Regierung unter Aldo Moro und dem Engagement von Alcide Berloffa, die uns in Zusammenarbeit eine einzigartige Freiheit in Form des Autonomiestatuts verschafft haben. Mein Opa war vielleicht auch noch zu jung und arrangierte sich deshalb mit der Lage, ohne ernsthaft dagegen aufzubegehren, wie andere Südtiroler es taten. Natürlich fand er Haltungen wie den Faschismus nicht gut und setzte sich dem zur Wehr, anschließend beließ er es jedoch anscheinend dabei. Was ihn vielmehr störte, war die Radikalität mancher Personen wie etwa Ettore Tolomei, die bezeichnend für den Faschismus in Italien war: „Tolomei soll vor seinem Tod gesagt haben, er wolle, dass sein Grab in Richtung Norden ausgerichtet werde, sodass er den letzten Deutschsprachigen über die Brennergrenze verschwinden sehen könne. Einfach nur abscheulich!"

Opa schüttelt den Kopf und lässt stolz verlauten, zu jenem Volk zu gehören, das solchen Menschen keine Genugtuung verschafft hat, sondern sich zu wehren wusste. Opa hasste vermutlich zu keinem Zeitpunkt Italiener aufgrund ihrer Sprache bzw. Herkunft; anderen Menschen wollte er wahrscheinlich niemals nur wegen ihrer Nationalität Böses unterstellen.

In einer 2018 erschienenen Folge des Podcasts „Eine Stunde History" von Deutschlandfunk Nova meint Roland Steinacher, Professor am Institut für Alte Geschichte und Altorientalistik an der Universität Innsbruck, dass er sich für Europa eine bestimmte Zukunft erhoffe, „hin zu einer gemeinsamen europäischen Diskussion, die das Vereinende vor dem Trennenden zu diskutieren lernen wird." Genau das ist es, was ich mir für Südtirol als Teil Italiens und Europas wünsche – weil Nationalismus ein Relikt des 20. Jahrhunderts ist, das auch dort bleiben sollte, wie mir Opas Verhalten immer wieder verdeutlichte. Doch will ich nicht weiter den politischen Aspekt beleuchten, das überlasse ich anderen. Was mir in dieser Diskussion wichtig erscheint, ist der menschliche Aspekt: Das Italienische, die italienische Kultur ist – wie jede Kultur – für einen deutschsprachigen Südtiroler, der ihr offen gegenübersteht, eine Horizonterweiterung. So kann das in der Schule Erlernte oder das im gesellschaftlichen Miteinander Erlebte einen Menschen in seiner persönlichen Entwicklung weiterbringen. Es ist genau das, was unter anderem das Italienische bei mir bewirkt hat: Wachstum.

Wenn es auch zweifelsohne mit Schwierigkeiten verbunden war und ist, denn nach wie vor fühle ich die Abgrenzung zu jenen, deren Nationalität ich teile. Das ändert nichts daran, dass ich die Möglichkeiten, die uns jungen Südtirolern und Südtirolerinnen geboten werden, als Privileg erkenne, das seinesgleichen sucht. Es ist in meinen Augen eines der größten Privilegien, die ich genießen darf, weshalb ich es mir auch für die nachfolgenden Generationen wünsche. Das bedeutet nicht, in diesem Thema sei alles gut, wie es ist. Es gibt noch viel zu tun, um eine nachhaltig friedliche Zukunft zu erreichen: eine Gesellschaft, die keine Nationalitäten oder Kulturen unterscheidet, sondern alle nebeneinanderstellt, geeint in Achtung für den Nächsten und gefestigt im Verständnis der demokratischen Rechte und Pflichten des Einzelnen. Dass dies einer Utopie gleichkommt, ist mir bewusst, dass wir es in Südtirol zumindest ernsthaft versuchen, stimmt mich zutiefst dankbar.

Wie fühlt sich Heimat an?

Was könnte Opas eigentlicher Heimatbegriff gewesen sein? Vielleicht dieser:

„Heimat ist das Land, das weite.
Mit seinen Bergen und Tälern.
Mit seinen Wiesen und Wäldern.
In seiner Erhabenheit und Interesse-
    losigkeit.

Heimat ist das Gefühl, das klare.
Von schwitzenden Männern und
    schuftenden Frauen.
Von lachenden Gesichtern und
    aufgebrochenen Fassaden.
Von Land, bekannt und neu.
Endlos.

Heimat ist das Land, in dem deine
    Erinnerungen leben.
In das du hineingeboren wurdest.
Zu dem du zurückkehren wirst.
Das einzige, in das du gehörst."

COMUNE DI BOLZANO - STADTGEMEINDE BOZEN

RIPARTIZIONE III - UFFICIO STATO CIVILE - ABTEILUNG STANDESAMT

COMUNE DI LAIVES
GEMEINDE LEIFERS
- 2 GIU 1978
Prot. N. 9295
Cl.   F.sc.
Band.

Nr.11512   -2/6   Bolzano, 25.5.1978
                                        Bozen

    Al Sig.   DALSASS ARTHUR
    Na Herrn   _____
                    39055 - LAIVES/LEIFERS (BZ)

                    Rossmiller 3

e, p.c. :   LAIVES/LEIFERS
AL COMUNE DI - Ufficio Anagrafe -
AL COMMISSARIATO DEL GOVERNO PER LA PROVINCIA di   39100 - BOLZANO
AL CASELLARIO GIUDIZIALE di   39100) BOLZANO
ALL'UFFICIO ANAGRAFE DEL COMUNE DI   39100 - BOLZANO
ALL'UFFICIO ELETTORALE DEL COMUNE DI   39100 - BOLZANO
ALL'UFFICIO LEVA E SERVIZI MILITARI DEL COMUNE DI   39100) BOLZANO
ALL'UFFICIO MILITARE DI LEVA - via C.Augusta, 29   39100 - BOLZANO
ALL'UFFICIO CITTADINANZA COMUNALE   39100 - BOLZANO
ALL'UFFICIO TASSE DEL COMUNE DI   39100 - BOLZANO
ALL'UFFICIO DISTRETTUALE IMPOSTE   39100 - BOLZANO

OGGETTO: Comunicazione avvenuto cambiamento di nome. Legge 11-3-1972, Nr. 118.
BETREFF: Mittellung der erfolgten Namensänderung. Gesetz 11. 3. 1972, Nr. 118.

        Si comunica che con Decreto della Procura Generale della Repubblica presso la Corte d´Appello
        Es wird mitgeteilt, daß mit Erlaß des Generalstaatsanwaltes der Republik beim Appellationsge-
        di Trento Nr. 17274/77   del 25.5.1977
        richtshof in Trient Nr.   vom   trascritto nel Registri di
                                                                  eingetragen im Gebur-
        nascita del Comune di _____   al Nr. 87/S - 1978
        tenregister der Gemeinde von   BOLZANO/BOZEN   unter Nr.

        Parte II Serie B, il nome di _____ DALSASS ARTURO
        Teil II Serie B, der Name von

        nat °'a BOLZANO/BOZEN   il 3.7.1928   resid. in   LAIVES/LEIFERS
        geb. in   am   wohnhaft in

        Via ....   è stato cambiato nella seguente forma tedesca:
        Straße   in die folgende deutsche Form abgeändert wurde:

                        A R T H U R
        _____

rs/

                                        p. IL SINDACO
                                        DER BÜRGERMEISTER i.A.

                                        IL CAPO RIPARTIZIONE
                                        DER ABTEILUNGSLEITER
                                        dr. Antonio Magnago)

Namensänderung von Arturo in Arthur, 1978

„Ein ganzes Leben habe ich hier verbracht, nie wollte ich weg. In ganz Südtirol bin ich zu Hause! Habe überall Freunde und Bekannte, meine Geschichte dehnt sich auf das ganze Land aus! Wegzugehen wäre mir wirklich nie in den Sinn gekommen. Das soll aber nicht heißen, ich wäre ungern verreist. Im Gegenteil: Vielerorts bin ich schon gewesen, in Kanada, Kenia oder Amsterdam! Aber ich wusste immer, dass ich zurückkehren werde. In mein geliebtes Land. Hier bin ich geboren und da wohnen meine Erinnerungen. Dort wandelten meine Freunde und drüben lachte ich mit ihnen. Es gibt unzählige Orte in ganz Südtirol, zu denen ich eine Verbindung aufgebaut habe. Es stand für mich stets außer Frage, ob ich mein Leben hier oder anderswo verbringen will. Wo könnte es schöner sein?"

Das verstehe ich nur zu gut. Das Land mit seinen majestätischen Bergen und seiner Erfolgsgeschichte, die vielfach namenlosen, hart arbeitenden Menschen auf entlegenen Bergbauernhöfen oder in widrigen Lebensumständen geschuldet ist, Heimat nennen zu dürfen, erfüllt einen schon mit Stolz. Dem abzusagen fiele mir schwer. Dennoch wundert es mich, dass sich während seines ganzen Lebens nie der Wunsch herausgebildet haben soll, in ein anderes Land zu ziehen oder in einer fremden Kultur völlig neu zu beginnen. Deshalb frage ich: „Gab es nie Momente, in denen du dir eine Abkehr von diesem Land wünschtest, um anderswo neu anzufangen? Beispielsweise in deinen jungen Jahren?"

„Ob ich jemals daran dachte, diesem Land den Rücken zu kehren? Südtirol zu verlassen? Nein, ausgeschlossen. Wie gesagt, meine Reisen in aller Herren Länder habe ich im Laufe meines Lebens schon gemacht, aber das war nie für längere Zeit, stets wusste ich, wo meine wahre Heimat lag. Südtirol ist die einzige Heimat, die je für mich infrage kam. Nicht einmal als junger Bub zweifelte ich daran. Obwohl es da einmal sehr brenzlig für mich wurde:

Es war das Jahr 1939, an einem Tag wie jedem anderen. Ich hatte meine Arbeiten erledigt und war aufgebrochen, um meine Zieheltern zu besuchen. Ich redete mit ihnen, als es an der Tür klopfte. Draußen stand eine fremde Frau, mit der meine Zieheltern eine Weile sprachen. Ich interessierte mich nicht weiter dafür, bis ich an die Tür gebeten wurde. Wir begrüßten einander, ich schwieg dann. Die Frau zögerte nicht lange und erklärte mir: ‚Ich bin deine leibliche Mutter.' Meine was?! Natürlich fiel ich aus allen Wolken. Meine leibliche Mutter? Ein fremder Mensch war das für mich, niemand sonst! Doch was wollte sie hier? Warum kreuzte sie nach elf Jahren einfach so bei mir auf? Das wurde mir umgehend erklärt: Sie wollte mich mitnehmen. Sie war gerade dabei, in ein neues Leben aufzubrechen – die Option sollte es ermöglichen. Die Frau, Amalia, hatte für das Deutsche Reich optiert und wollte mich, ihren einzigen Sohn, mit sich nehmen. Sie, diese Fremde, wollte mit mir in ein unbekanntes Land aufbrechen. Meine Zieheltern fragten mich, was ich davon hielt, ich wollte aber von der ganzen Geschichte kein Wort hören! Weder irgendwelche Versprechungen noch Beteuerungen jeglicher Art stießen bei mir auf offene Ohren – absolut *nichts* interessierte mich das alles. Was sollte ich bei diesem fremden Menschen auch? Ich flehte meine Zieheltern an, mich bei ihnen zu behalten. Ich wollte mit dieser Frau einfach nicht mitgehen. Mit einem unbekannten Menschen in ein unbekanntes Land. Wahnsinn. Weg von meinen Freunden, von meinem Dorf, von meinem Land. Idiotisch. Da waren wir Deutschnofner einer Meinung. Viele optierten fürs Dableiben und die Propaganda, dass bei dieser Entscheidung alle nach Süditalien auswandern müssten, nahmen nur die wenigsten ernst! In dieser Angelegenheit lernten alle meine Starrköpfigkeit kennen. Meine Zieheltern, die ebenfalls fürs Dableiben optiert hatten, wollten mich in meinem Entschluss unterstützen und es mir ermöglichen, im Land zu bleiben. Zu Hause. Da gab es aber ein Problem: Es zählte die Entscheidung meiner leiblichen Mutter, ihr hatte ich mich unterzuordnen. Verzweifelt suchten meine Zieheltern und ich einen Weg, damit ich nicht fortgehen müsste. Gleich am Tag nach ihrem Auftauchen begleitete mein Ziehvater mich zum Präfekten nach Bozen. Dort erhoffte ich mir Hilfe. Es war mir aufs Äußerste zuwider, meine Wurzeln abtrennen und weggehen zu müssen. Ich schilderte dem Präfekten also meine Lage. Er, im Übrigen ein sehr feiner Mann, war von meinen Tränen berührt. Er erkannte in ihnen die Sorgen und Ängste, die mich quälten, weswegen er mir gern geholfen hätte. Doch auch ihm waren die Hände gebunden: ‚Amalia ist deine Mutter. Sie hat das Recht, über dich zu entscheiden, da du noch unmündig bist. So leid es mir tut: Du musst in ein deutsches Konsulat gebracht werden, dort wird für deine Abreise alles vorbereitet. Aber hab es nicht eilig, die Zeit drängt nicht.‘ Meine Welt stürzte ein. Ich konnte mir vom Präfekten keine Hilfe erwarten, völlig niedergeschlagen traten mein Ziehvater und ich den Nachhauseweg an. Da hatte ich eigentlich keine Hoffnung mehr.“

Ich hoffe, diese Szene nicht zu pathetisch geschildert zu haben. Ich habe ja keine Ahnung, wie mein Opa auf die Antwort des Präfekten wirklich reagiert hat, ich habe nur dieses eine Bild im Kopf, das sich im Laufe der letzten Jahre herausgebildet hat: der kleine, starke, doch machtlose Arthur, der sich als Opfer dieses bitteren politischen Spiels wiederfindet. Und das, obwohl er zu dieser Zeit vermutlich nicht einmal das Wort Politik kannte und folglich kein Interesse daran hatte. Ich sehe den jungen Buben vor meinen Augen, der in seinem zarten Alter schon unvorstellbare Dinge erlebt hat und dem nun nahegebracht wird, er solle Heim und Freunde, sein gesamtes bisheriges Leben, von einem Tag auf den anderen zurücklassen, die Hand einer fremden Frau ergreifen und ins gänzlich Unbekannte aufbrechen. Wie groß wären da meine Sorgen und Ängste gewesen?

Allein dass meine leibliche, aber mir gänzlich unbekannte Mutter nach zehn Jahren urplötzlich vor der Tür stehen und mir die Hand reichen würde, übersteigt meine Vorstellungskraft. An den psychischen Auswirkungen dieser Ereignisse würde ich umgehend zerbrechen. Dann sollte ich noch die Kraft besitzen, eine solche Frage zu beantworten? Die Kraft haben zu wählen, meine Heimat freiwillig zu verlassen oder mich dagegen zu entscheiden? Nur um dann gesagt zu bekommen, dass ich ohnehin kein Mitspracherecht hätte? Eine Weisheit lautet, die schwersten Zeiten brächten die stärksten Menschen hervor. Diese Zeit war zweifelsohne eine solche. Wie aber beeinflusste sie die Kinder? Richtete sie sie nicht zugrunde?

„Wie gesagt: Die Hoffnung hatte ich aufgegeben, hatten wir aufgegeben. Es schien aussichtslos, es gab keine weitere Möglichkeit. Das dachte ich jedenfalls. Bis mein Vater und ich zu Hause ankamen. Dort empfing uns unerwarteter Besuch: Meine Ziehschwester Josepha, Peppi genannt, war auf Urlaub nach Hause gekommen. Ich kannte sie von einigen Besuchen, die sie uns immer wieder abgestattet hatte. Seit Jahren arbeitete sie schon in Mailand als Hausmädchen bei einem Ingenieur, der zudem ein etwas höheres faschistisches Amt bekleidete. Aus diesem Grund beherrschte sie die italienische Sprache ausgezeichnet. Gleich nach der Begrüßung erzählte man ihr von meinem Fall, woraufhin sie entschied, mir helfen zu wollen. Sie schlug vor, einen Brief auf Italienisch vorzuschreiben, den ich dann abschreiben sollte, damit sie ihn mit nach Mailand nehmen könnte, um ihn dort ihrem Vorgesetzten zu geben. Und so geschah es: Sie begann sogleich mit dem Abfassen des Briefes und ich bemühte mich hinterher, alles auf die sauberste Art abzuschreiben. Einige Tage später brach sie, mit dem Brief im Gepäck, nach Mailand auf. Hierauf folgten aufregende, angstvolle Tage. Vielleicht sogar Wochen. Jedes Mal, wenn ich einen Carabiniere erblickte, befürchtete ich, man würde mich mitnehmen, weshalb ich mich umgehend versteckte und so lange wartete, bis ich in Sicherheit war. Zwar hatte mir der Präfekt gesagt, es eile nicht, ich war aber überzeugt, man würde mich jeden Moment holen kommen.

Das bewahrheitete sich dann auch: Eines Tages, als ich zu Hause saß, klopften plötzlich die Carabinieri an die Tür. Diesmal gab es keinen Ausweg für mich. Keine Fluchtmöglichkeit blieb mir übrig, ich sah mich erwischt und musste mich ergeben. Gesenkten Hauptes schritt ich zur Tür, in der Überzeugung, jetzt sei es aus! Erstaunlicherweise waren die Carabinieri sehr ruhig und sanftmütig, was mir meine Aufregung etwas nahm. Dann teilten sie mir mit, dass sie einen Befehl von oberster Stelle erhalten hätten. Was könnte das anderes bedeuten, als dass mich Hitler höchstpersönlich nach Deutschland zitierte? Es war aus, bar jeder Hoffnung und gleichgültig hörte ich sie sprechen – dann machte mich ihre Mitteilung jedoch stutzig und überwältigte mich regelrecht: Mir würde das Recht eingeräumt werden, in Südtirol zu bleiben! Anfangs konnte ich es nicht glauben. So langsam realisierte ich mein Glück und konnte die Bedeutung der Worte verstehen. Keine andere Nachricht hätte mich glücklicher gestimmt.

Heute weiß ich immer noch nicht, ob nicht vielleicht sogar Mussolini selbst diesen Befehl erteilt hat. Wer es war, interessierte mich aber nicht weiter. Der Antrag meiner leiblichen Mutter, mich mitzunehmen, wurde zurückgezogen. Und ich – ich durfte zu Hause bleiben! Vielleicht verstehst du nun, warum in mir nie der Wunsch heranreifte, irgendwo anders zu leben."

Das verstehe ich durchaus. In diesen Tagen stand das auf dem Spiel, was meinem Opa am meisten bedeutete. Es sind genau solche Stunden, die einem Menschen das offenbaren, worauf er am meisten Wert legt. Mein Opa hat dies erkannt. Und dieses Wissen ein Leben lang in sich getragen.

An dieser Stelle möchte ich aber noch kurz versuchen, die Perspektive seiner leiblichen Mutter einzunehmen: Es wäre nämlich zu einfach, ihr Bequemlichkeit zu unterstellen, da sie Arthur als Neugeborenes weggegeben hatte und ihn nun, wo es ihr gelegen kam, zurückholen wollte. Nein, ihre Geschichte geht viel tiefer. Sie war,

jung und ohne Perspektive, dazu gezwungen gewesen, ihn wegzugeben, und versprach sich nun von der Option nach Nazi-Deutsch-
land eine zweite Chance, mit ihrem Kind ein glückliches Leben
aufzubauen. Denn es war nach wie vor ihr Sohn. Ihr einziger, denn
nach seiner Geburt konnte sie keine weiteren Kinder mehr bekommen. Wenn sie ihn auch weggegeben hat, vergessen hat sie ihn nie.
Wie muss es dann für sie gewesen sein: erst den Mut zu fassen,
überhaupt zum Mösl zu gehen, dann *ihren* Sohn zu erblicken, die
Hand nach ihm auszustrecken, weil ein neues, besseres Leben
greifbar scheint? Den Traum zu ersinnen, mit ihrem verlorenen
Sohn wiedervereint zu werden? Nur um dann von ebendiesem eine
Abfuhr erteilt zu bekommen? Die Realität offenbarte sich in all
ihrer Gewalt: Sie war nicht mehr die Mutter dieses liebenswürdigen
Kindes. Sie hatte ihre Möglichkeit, Mutter zu sein, verworfen – war
dazu gezwungen gewesen – und nun wurde diese Möglichkeit von
ihrem Sohn endgültig zunichtegemacht. Zu Beginn scheint Opa das
große Opfer dieses Ereignisses zu sein. Die Option forderte aber
unzählige mehr. Die Erbarmungslosigkeit der damaligen Zeit eine
namenlose Vielheit.

Nachdem ich das ungute Gefühl runtergeschluckt und mich wieder
gefasst habe, beobachte ich meinen Großvater. Obwohl er gerade
eines der wohl schwierigsten Kapitel seiner Geschichte erzählt hat,
ist er weiter standhaft. Er ist bereit, auf jede weitere Frage zu antworten, wird sich nicht länger mit dieser Ungerechtigkeit, die ihn
und seine leibliche Mutter ereilt hat, aufhalten.

„Ist ja gleich! Es war halt so, und nun ist es anders! Lasst uns froh
sein."

Nein. Wenngleich seine Akzeptanz des Schicksals einer jener Cha-
rakterzüge an ihm ist, die ich am meisten schätze, sind solche Re-
lativierungen meiner Ansicht nach manchmal einfach fehl am Platz.
Er kann, das versteht sich von selbst, seine eigene Geschichte so
lange kleinreden, wie er will, deshalb muss ich ihm noch lange

nicht zustimmen. Denn egal sind solche Schicksale nicht. Niemals. Sie sind es, an denen wir uns orientieren müssen. Die es unbedingt zu vermeiden gilt. Damit unsere Gesellschaft stetig zufriedener und glücklicher wird, damit Menschlichkeit siegt.

„Wie ging es dann weiter? Nachdem sich dieses Problem gelöst hat, war da alles in Ordnung, war endlich alles gut?"

„Na ja, emotional schon, bürokratisch eher weniger. Nachdem ich mich hier wieder endgültig zu Hause fühlen konnte, weil ich scheinbar nichts mehr zu befürchten hatte, musste ich einsehen, dass weder der Einmarsch der Deutschen in Südtirol 1943 noch das Ende des Krieges nachhaltig etwas an der Situation Südtirols in Italien änderte. Obwohl meine Mutter ohne mich nach Deutschland ausgewandert ist, war auch mir die deutsche Staatsbürgerschaft gegeben worden – die italienische verlor ich. Im Jahre 1950 erhielt ich sie dann wieder. Ein Problem, das mich hingegen noch viele Jahre begleiten sollte, hatte mit meinem Namen zu tun. Die Schwierigkeit war nämlich folgende: Wie soll man sich vollends heimisch fühlen, wenn man bei einem Namen gerufen wird, mit einem anderen aber amtliche Dokumente unterzeichnen muss? Geboren war ich ja während der Zeit des Faschismus, deshalb wurde mir der italienische Name Arturo gegeben. Mit diesem Namen musste ich all die Jahre meiner Jugend und später unterschreiben, die Notwendigkeit einer Möglichkeit zur Namensänderung wurde von niemandem gesehen. Bis zum Jahr 1972, um genau zu sein. Mit dem Gesetz vom 11. März 1972 wurde uns Südtirolern erlaubt, unseren italienischen Namen in die deutsche Form ändern zu lassen. Innerhalb von fünf Jahren nach dem Beschluss mussten jene, die ihren Namen ändern lassen wollten, eine Anfrage stellen, wodurch ich ab dem 25. Mai 1978 offiziell meinen deutschen Namen tragen durfte. Das stellte für mich, wie für manch anderen, eine endgültige Befreiung von faschistischen Einflüssen dar. Ich war zwar nicht einer, den dies vorher viel beschäftigt hatte – eigentlich nervte es mich nur und machte mir ansonsten nicht viel aus, da ich meist bei meinem deutschen Namen gerufen wurde –, aber es war schon sehr erfreulich, als uns diese Änderung ermöglicht wurde."

Ich finde die Vorstellung mehr als nur befremdlich, dass es den Eltern eines Kindes nicht erlaubt sein sollte, ihr Kind nach eigenen Namensvorstellungen taufen zu dürfen. Glücklicherweise bin ich in einer Welt mit dieser Freiheit aufgewachsen. Dennoch ist es immer wichtig, diese Zugeständnisse nicht als gegeben zu betrachten. Wie könnte man die Freiheit sonst begreifen, die uns bereits bei der Geburt geschenkt wird? Den süßen Saft der Freiheit kann man nur schmecken, wenn man vom bitteren Trank der Begrenzung getrunken hat. Heutzutage müssen wir Letzteres – erfreulicherweise – nicht mehr tun. Genau aus diesem Grund ist es notwendig, in Erfahrung zu bringen, welche Beschneidung der Grundrechte die Menschen dazu trieb, aufzubegehren und das Ideal einer besseren Welt zu verfolgen. Eine Welt in der Freiheit zu errichten, wie wir sie heute erleben dürfen. Teil dieser Freiheit wurde mein Großvater schließlich auch, er sollte sie auf den vielen Straßen und in den abgelegenen Dörfern Südtirols kennenlernen. Den Grundstein dafür legte er als Neunzehnjähriger, indem er die Fahrschule absolvierte.

„Mit dem Führerschein in der Tasche standen mir viele neue Möglichkeiten offen! Nicht sofort, da ich erst noch die militärische Grundausbildung durchlaufen musste. Als ich das aber überstanden hatte und einigermaßen ins normale Leben zurückgekehrt war, bemerkte ich, dass ich nicht mehr gezwungen war, als Knecht auf Höfen oder als Angestellter in Geschäften zu arbeiten. Im Jahr 1951 war es dann so weit: Ich trat erstmals eine andere Dienststelle an! Immer noch in Deutschnofen, arbeitete ich ab dem Zeitpunkt als Lkw-Fahrer. Hauptsächlich bestand meine Aufgabe darin, Holztransporte abzuwickeln. Dafür bekam ich 1.000 Lire am Tag bezahlt, ein guter Lohn. Vor allem wenn man bedenkt, dass die Arbeit so angenehm war! Sie gefiel mir so gut, dass ich ein ganzes Leben lang keiner anderen Arbeit als der des Lkw-Fahrens nachgehen wollte. Aber das wusste ich da natürlich noch nicht. Ich genoss einfach die Zeit, das stetige Dahinfahren und das Entdecken mir unbekannter Ortschaften in diesem Land. Die Zeit verflog, die Jahre flossen dahin. Und nie hatte ich oder ein anderer Arbeiter Stress! Jeder konnte sich seine Arbeit so einteilen, wie er es wollte. Das war einer der Hauptgründe, warum ich die Arbeit so genoss: Niemand da, der dich stresste oder überwachte. Als Sahnehäubchen die einzigartige Gelegenheit, jeden Winkel Südtirols kennenzulernen. Was will man mehr? Wo ist es denn schöner als bei uns?

Überall kam ich hin, lernte Leute kennen und unterhielt mich. Dies führte so weit, dass ich allerorts heimisch wurde. Vielerorts kannte man mich, und überall hatte ich Freunde. Ich war ein fleißiger Arbeiter, bin zudem immer lustig gewesen und wusste, wie man sich verhält! In all den Jahren wurde mir ein Spitzname zuteil: Zigeuner. Als solcher wurde ich bekannt."

Der Stolz, der aus seinen Augen spricht, ist unverkennbar. Dieser Beiname mag beim Lesen etwas seltsam klingen, aber die Art, wie Opa ihn ausspricht, lässt jeden Zweifel schwinden: Es ist ein liebevoller Name für einen Mann, der seine Welt erkundet, ihre Bewohner getroffen und beides zu lieben gelernt hat. Es fasziniert mich, wie weltoffen und extrovertiert er schon immer gewesen zu sein scheint. Deshalb frage ich nach, warum er so bekannt geworden ist, wie er erzählt.

„Ich habe im Laufe meines Lebens viel Zeit damit verbracht, den Menschen zu geben, was sie brauchten: Unterhaltung. Dafür wurde ich bekannt und das war es, was auch mich erfüllte. Ich fand einen Weg. Entweder um die Leute zum Lachen zu bringen oder um ihnen eine Lektion zu verpassen, wenn sie sich schlecht benahmen. Oh, da fällt mir eine passende Geschichte ein:

Dort, wo wir Lkw-Fahrer schliefen, als wir Straßen bauten, waren manchmal über hundert Leute. Da standen Baracken, in denen jeweils vierzig, fünfzig Menschen schliefen. Für all die Leute gab es ungefähr fünfzig Meter entfernt ein Plumpsklo. Einen gab es da aber, der keinen Anstand hatte: Wenn er auf die Toilette musste, öffnete er bloß die Tür der Unterkunft und pinkelte hinaus. Das erzählte man mir, als ich ankam, und ich fragte bloß: ‚Tut er das jede Nacht?' Darauf versicherte man mir: „Ja, ausnahmslos jede!' ‚Überlasst ihn nur mir!' Als Nächstes baute ich vom Lastwagen zwei Batterien aus, legte sie abends vor die Tür hin und verband die Drähte. Aber keine Angst: Passieren konnte ihm nichts, abgesehen von einem kleinen Schock. Nun kam es also, dass ich die Nacht im Auto schlafend in der Siedlung verbringen musste. Da hörte ich plötzlich einen Schrei. Jemand lief in die Unterkunft zurück: ‚Mich hat etwas gebissen, etwas gebissen!' Da lachten die anderen schadenfroh und meinten trocken: ‚Du Schwein, du, der Chauffeur hat da eigens etwas aufgestellt, damit du endlich verstehst, wohin du zu gehen hast!' Ich bin überzeugt, dass er sich von da an gemerkt hat, wo die Toilette war!"

Opa bezeichnet diese Geschichte immer als „Streich", ob diese Bezeichnung dem Vorfall tatsächlich entspricht, wage ich zu bezweifeln. Es sei dahingestellt, ob dem Mann wirklich nichts hätte passieren können. Sich darüber aber Sorgen zu machen, ist unnötig, da der Vorfall gut ausgegangen ist. Womöglich sollte ich nicht eine solche Sicht an den Tag legen. Ich weiß nicht, wie gut Opa sich mit den tatsächlichen möglichen Folgen, die aus einem Schlag hätten resultieren können, ausgekannt hat. Deshalb muss man wohl eingestehen, dass es – gelinde gesagt – leichtsinnig war. Die Situation schildert aber sehr eindrücklich, dass Arthur nie um einen Streich verlegen war.

„Haha, ich habe wahrhaftig immer darauf geschaut, dass alle ihren Spaß hatten. Zu jeder Zeit. Natürlich kam ich da mit dem Spaß nicht zu kurz. Genossen habe ich jeden Moment und es hat sich gelohnt."

„Lief alles stets reibungslos? Du kannst dich glücklich schätzen, denn nur wenige dürfen den Vorzug genießen, die Arbeit mit solcher Herzenslust zu erledigen, wie du es getan hast, und dabei nie in irgendwelche Schwierigkeiten zu geraten. Das ist erstaunlich."

„Das wäre in der Tat erstaunlich. Lange Zeit lief es auch reibungslos. Doch dann hatte die glückliche Zeit ein abruptes Ende und es folgte eine der schwersten Phasen meines Lebens:

Es war am 7. März 1972. Ich saß in meinem Lkw, als ich aussteigen musste, um in der Wiese, von der aus etwas in meinen Wagen gehievt wurde, Arbeit zu erledigen. Dafür musste ich um einen weiteren Lkw und einen Bagger herumgehen, die gerade am Werk waren. Da fiel eine der Steinplatten auf mich herunter, streifte mein Körper und warf mich zu Boden, wo ich beinahe bewegungsunfähig liegen blieb. Der Baggerfahrer hatte das nicht bemerkt und fuhr geradewegs auf mich zu. Einige Trientner, die beim Bestreichen von Masten waren, begannen wild zu rufen und konnten den Fahrer dadurch warnen. Das rettete mein Leben, ohne jeden Zweifel! Da kannst du dir ausmalen, wie dankbar ich ihnen war und noch immer bin. Mehr als nur Glück im Unglück. Leider habe ich sie nicht wiedergesehen, weshalb ich mich nie bei ihnen bedanken konnte. In jenem Moment war mir das verständlicherweise unmöglich, niedergeworfen und zugerichtet wie ich war. Der Besitzer der Wiese fuhr mich augenblicklich in die Marienklinik, wo ich vierzig Tage lang regungslos zu liegen hatte. So manchen Knochen hatte ich mir gebrochen und einige Prellungen davongetragen, allen voran an Wirbelsäule und Fuß, weshalb ich bis zum Hals eingegipst wurde, was jegliche Bewegung unmöglich machte. Stell dir das mal vor: Vierzig Tage einfach daliegen. Da wird einem so manches klar, wenn man will.

Was mir klar wurde: wie sehr ich am Leben hing. An jedem Teil davon. Je mehr Zeit verstrich, umso gewaltiger war der Wunsch nach

Genesung. Was sollte ich dann sagen, als die Ärzte zu mir kamen und mir behutsam beibringen wollten, dass mein Fuß abzunehmen sei? Ich erkannte die leichten Unsicherheiten in ihrem Vorhaben und entschloss mich zu kämpfen. Ob man es denn nicht ohne Amputation schaffen könne? Auf meine hoffnungsvolle Bitte und mein entschlossenes Drängen hin gaben sie mir tatsächlich die Möglichkeit: Sie wollten alles unternehmen, um den Fuß nicht abnehmen zu müssen.

War das eine Erleichterung! Und nachdem ich die ersten Tage überstanden und mich einigermaßen erholt hatte, wurde die Situation wesentlich erträglicher: Fortan war es mir möglich, mit meinen Zimmernachbarn zu kommunizieren. Da konnte mir nicht mehr langweilig werden, ich wusste alle zu unterhalten! Möglichkeiten wurden mir immer wieder geboten, zumal wir zu acht im Zimmer waren. Keine ließ ich aus. Haha!"

Es ist eine jener Pausen, die Arthur nach einem Lachen so gern macht. Sie soll die Spannung steigern und beim Zuhörer Neugier wecken. Ich weiß nicht, ob er es bewusst tut oder ob es einfach in seinem Instinkt liegt, die Menschen auf die bestmögliche Art zu unterhalten. Hört man seine Geschichten aber immer wieder aufs Neue, beginnt man, den Schein zu durchschauen: Das Lachen ist nur teilweise echt, bis zu einem gewissen Grad ist es wohl auch gekünstelt. Vielleicht, um die Zuhörer zum Mitlachen zu animieren. Das soll keineswegs ein Vorwurf sein, es ist nur eine Beobachtung, derer man viele anstellen kann, wenn man einer Person Zeit und Aufmerksamkeit widmet. Auf eine gewisse Art machen solche Beobachtungen die Geschichten auch dann noch interessant, wenn man sie bereits auswendig mitsprechen kann. Durch sie erkennt man, wie viel Zeit man mit einem Menschen verbringen durfte und wie nahe man ihm gekommen ist – für mich einige der schönsten zwischenmenschlichen Wesenszüge: Nähe und Aufmerksamkeit.

„Nein, die Lust am Streichespielen ist mir nie vergangen. Es machte für mich auch die Zeit im Krankenhaus erträglich. Wir hatten beispielsweise einen in unserem Zimmer, der immense Angst vor Nadeln hatte. Deshalb zogen wir ihn alle auf: Eines Morgens kam eine Krankenschwester ins Zimmer, der pflegerischen Routine wegen. Zuerst kümmerte sie sich um mich, was mich dazu verleitete, laut und bewusst ängstlich zu sagen: ‚Hilf Gott! Was für lange Nadeln habt ihr denn heute? Hilfe!‘ Daraufhin ergriff den anderen die Angst und es dauerte lange, bis er sich so weit beruhigt hatte, dass die Krankenschwester sich um ihn kümmern konnte. Trotz allem einfach eine lustige Zeit! Einige gute Kollegen fand ich dort, wie diesen Herrn; leider Gottes hörte ich nach dieser Zeit von keinem mehr etwas."

Opa betont zwar immer wieder, er habe sich aus der Zeit im Krankenhaus nicht viel gemacht, da er einen Mordsspaß hatte, glauben kann ich ihm das aber nicht völlig. Mir scheinen solche Beteuerungen immer etwas gestellt, weshalb ich sie nicht ganz ernst nehmen kann. Ich bin zur Überzeugung gelangt, dass es im Laufe der Zeit zu einer von Opas Überlebensstrategien geworden ist, die Ausmaße eines Ereignisses im Nachhinein nicht völlig anerkennen zu wollen, weil es ihm so besser geht. Vielleicht verdankt er dieser Strategie seine Widerstandsfähigkeit und das Durchstehen von so vielem. Es ist möglich, sogar wahrscheinlich, dass Menschen eher zu einer solchen (ungefährlichen) Verzerrung der Wahrheit tendieren, wenn die blanke Wahrheit zu viel für sie wäre. Wie sie insgesamt im Leben Arthurs sicherlich für ihn war. Das Selbstmitleid hätte ihn sonst zur Verzweiflung gebracht.

„Auch das ging vorbei. Nach vierzig Tagen kam ich nach Hause, wo ich noch lange Zeit beinahe regungslos im Bett liegen bleiben musste, mein Oberkörper war nämlich zur Gänze eingegipst! Anschließend war ich endlich ‚frei‘, die Therapie sollte aber noch über Jahre gehen. Im Zuge dieser Therapie kam ich zum ersten Mal in meinem Leben ans Meer. Mit vierundvierzig Jahren ging es für mich nach Grado, wo ich erstmals Meeresluft einatmete und die Seele baumeln lassen konnte. Viele Jahre noch hatte ich Anrecht auf diese Therapie, weshalb ich daraufhin regelmäßig nach Grado fuhr. Also hatte der Unfall auch etwas Gutes. Und wenn wir ehrlich sein wollen: Am Unfall bin einzig ich allein schuld. Was muss ich auch um den Bagger laufen, während er beim Auflegen ist?"

Egal wie schlimm der Unfall für meinen Opa gewesen sein mag, die Lust am Fahren ist ihm dadurch nicht abhandengekommen. Zeit seines Lebens nannte er das Auto eine Heimat, der er einfach nicht entsagen wollte oder konnte. Bis ins stolze Alter von sechsundachtzig Jahren fuhr er durchs Land und besuchte ganz Südtirol, nicht ohne etwas von dort mitzubringen: mal war es eine Hamme Speck, mal Schüttelbrot, was auch immer er gefunden hatte. Für Außenstehende war es so, als würde er im Auto seine Jugend wiederfinden, zwar nicht körperlich, aber sehr wohl geistig. Das Nachlassen seiner körperlichen und geistigen Fähigkeiten wurde von seinen Nachkommen besorgt verfolgt, denn sein Reisewille war nach wie vor ungebremst. Diesem hätte Arthur wahrscheinlich bis zu seinem Lebensende gehorcht, wären da nicht die berechtigten Sorgen seiner Kinder gewesen, ob er seine täglichen Ausfahrten heil überstünde. Allen voran meine Mutter Karin sorgte sich, da sie im selben Haus wohnte und seine Heimkehr sich immer häufiger verspätete. Als er aus diesem Grund wiederholt das Abendessen verpasste und Grund großer Sorgen wurde, begannen alle seine Kinder damit, ihm zuzureden, den Führerschein endlich abzugeben. Nach Wochen der Diskussionen und teils schlechter Stimmung gelang es ihnen tatsächlich: Arthur der Zigeuner sah ein, dass es mittlerweile zu gefährlich wäre, wenn er weiterfahren würde. So gab er als Sechsundachtzigjähriger den Führerschein freiwillig ab.

Und so bleibt noch ein letztes Rätsel, bezogen auf sein fahrendes Leben, zu lösen: Warum ließ er sich „Zigeuner" nennen? Stellte sich sogar als solcher vor?

Die Frage scheint einfach, aber die Hintergründe sind so tief reichend, dass man sie nicht aufdecken hätte können. Ehrlich gesagt stellte ich mir nie diese Fragen, angeblich hatte er um sein sechzigstes Lebensjahr damit begonnen, diesen Namen vermehrt zu verwenden. Womöglich hat er es schon früher getan, seine Kinder können sich nicht daran erinnern und es schien auch nicht weiter wichtig. Dieser Beiname ist ein unscheinbares Detail, das niemanden weiter interessierte. In all den Jahren war er der „Zigeuner" und hatte Spaß daran. Woher kam der Name? Wie gesagt, es war eine Frage, die wir uns nie stellten, ich wohl am allerwenigsten. Dass ich die Wichtigkeit dieser Frage nicht erkennen konnte, sollte mir vom Zufall in Opas letztem Lebensjahr vergeben werden:

Wie so oft sitzt Opa neben mir in seinem Wohnzimmer auf dem Sofa. Der Fernseher läuft, zusammen mit Mutter habe ich Opa gerade bettfertig gemacht. Schön „verarbeitet" wartet er da und macht den Fernseher aus. Wir unterhalten uns noch ein wenig, als er sagt: „Lass uns schlafen gehen, morgen ist auch noch ein Tag!" Da taucht Mutter auf, sie hat noch schnell etwas zu erledigen und Opa muss deshalb noch ein wenig sitzen bleiben. Auf meinem Handy öffne ich YouTube, um mir ein Musikvideo anzusehen. Ich frage Opa, was sein Lieblingslied ist, worauf er unmittelbar antwortet: „Da kann es nur eines geben – das ‚Bozner Bergsteigerlied', auch bekannt als ‚Wohl ist die Welt so groß und weit'." Natürlich ist es mir bekannt, ich öffne es für ihn auf YouTube und lasse es ihn anhören. Freudig und mit ernstem Blick nickt sein Kopf im Rhythmus, wippt sein Fuß im Takt mit und dann beginnt er, mit lauter Stimme zu singen. Nach einigen Strophen stellt er erfreut fest, welch schönes Lied das sei und welche große Bedeutung es für ihn als Südtiroler habe. Das verstehe ich, zumal es während der Italianisierung Südtirols verfasst wurde und für viele die inoffizielle Hymne Südtirols darstellt. Das Lied erfreut ihn, weshalb er bis zum Schluss sitzen bleibt, wenngleich Mutter schon fertig geworden ist und sich verabschiedet hat. Er bedankt sich bei mir für das Abspielen, steht auf und summt noch eine Zeit lang vor sich hin. Ja, er ist ein stolzer, heimatverbundener Südtiroler, nichtsdestotrotz glaube ich, es könnte auch ein anderes Lied geben, das mehr über ihn aussagt als über seine Heimat. Für mich persönlich ist das Musikhören äußerst wichtig, und manche Lieder finden Worte und Ausdrucksformen für Gefühle, die mir unzugänglich gewesen wären, hätten Lieder sie mir nicht offenbart. Und in neunzig Jahren könnte man doch einem Lied begegnen, welches das eigene Innenleben besser widerspiegelt als eine Hymne der Heimat? „Es ist zweifelsfrei ein schönes Lied. Kannst du dich vielleicht an noch eines erinnern, das dir gut gefällt? Womöglich eines aus deiner Kindheit oder Jugend?" Opa denkt intensiv nach, als ihm eines einfällt:

„Ja, da gab es noch eines. Ich glaube, es hieß ‚Das Zigeunerlied'."
Auch dieses Lied suche ich auf YouTube, kann aber keines finden, das er kennt. Schließlich fällt ihm noch etwas ein:

„Nein, da war noch irgendetwas mit ‚Heimat'."
Nun werde ich schnell fündig, entscheide mich für die Version mit den meisten Aufrufen und spiele sie ab. Schon nach den ersten Takten gibt Opa zu erkennen, dass es das Lied ist, das er gemeint hat. Was folgt, ist für mich genauso emotional wie überraschend. Vor meinen Augen spielt sich eine Szene ab, wie ich sie nur aus Filmen und Büchern kenne: Opa hält inne, blickt starr vor sich hin und singt mit, sobald der Sänger des Liedes einsetzt. Fast jedes Wort, das er singt, stimmt mit dem des Sängers überein. Ohne den geringsten Zweifel begleitet er den Interpreten, achtet nicht weiter auf ihn. Das Lied zieht ihn augenblicklich vollkommen in seinen Bann, Opas Geist entfernt sich aus meiner Realität und er singt nur für sich, während sein Blick nach innen gerichtet ist, wo er Verschiedenstes zu sehen scheint. Ich verstehe diese plötzliche Entfremdung nicht, bis ich bewusst die Worte wahrnehme, die da gesungen werden:

Ein Zigeuner verlässt seine Heimat
Er sucht in der Ferne sein Glück
Denn gottverlassen, verstoßen von allen
Zu den Seinen kehrt er nie zurück.

Und der Bergwind spielt ihm leise sein Lieblingslied
Und die Bäume rauschen dazu
Und das trifft ihn so tief in das Herz hinein
Darum findet er nicht seine Ruh.

Ja verlassen auf all seinen Wegen
Zieht ein Zigeuner hinaus in die Welt
Denn er kennt weder Vater noch Mutter
Seine Wiege stand draußen im Feld.

Und der Bergwind spielt ihm leise sein Lieblingslied
Und die Bäume rauschen dazu
Und das trifft ihn so tief in das Herz hinein
Darum findet er nicht seine Ruh.

Ja mit Tränen hinauf vor den Abgrund
Stürzt er sich hinab in die Schlucht.
Lebe wohl du mein Volk und verzeih mir
Ein Zigeuner das war ich ja nur.

Und der Bergwind spielt leise sein Lieblingslied
Und die Bäume rauschen dazu
Und das trifft ihn so tief in das Herz hinein
Darum findet er nicht seine Ruh.

Opa singt, seine Augen füllen sich mit Tränen. Er singt unbeirrt
weiter, während er gegen irgendetwas anzukämpfen scheint und es

gleichzeitig befreien will. Er bleibt standhaft, steht stramm und hat seine Stimme im Griff, lässt Worte erklingen, die er vermutlich seit Jahrzehnten nicht mehr vernommen hat; Worte, denen er, wie er mir später offenbaren wird, schon als Kind lauschte, die ihm wohl als Kind schon nahegegangen sind, und ich wage zu behaupten, dass die Worte dieses Liedes kaum jemals mit so viel Hingabe, Erinnerung und Weltschmerz gesungen worden sind. Als Neunzigjähriger zerbricht etwas in ihm an diesem Lied, obwohl er stehen bleibt und weitersingt, verlassen und unerreicht in seiner Welt. Doch ist es nicht allein dieses Bild, das so viel vermittelt, es sind die Worte des Textes, die ein Leben bedeuten. Hört man sie mit dem Wissen um Opas verlorene, einsame Kindheit, so kann man ansatzweise verstehen, was er im Moment empfunden haben muss, als er nach langer Zeit wieder dieses eine Lied hörte, das er aus seiner Kindheit kannte und das ihm sein Leben zu singen schien – bis zu einem gewissen Punkt zu singen schien, denn er ahmte diesen Zigeuner nicht nach, er stürzte sich nicht hinab in die Schlucht. Niemand wird je wissen, wie kurz er, vor allem in jungen Jahren, vor diesem Schritt gestanden war. Dafür stürzte er sich ins Leben, und das Leben sollte es ihm lohnen …

Zweifelsfrei lag in der Bezeichnung „Zigeuner" sehr viel Schmerz für Opa. Aber deshalb verzagen, mit dem Schicksal hadern? Das ist seinem Charakter fremd, es existiert für ihn nicht. Wie geht er also damit um? An irgendeinem Punkt in seinem Leben entschloss er sich, all das Negative, das diese Bezeichnung für ihn beinhaltete, umzupolen und in etwas Gutes zu verwandeln. So stellte er sich fortan bei allen, die ihm auf seinen Lkw-Fahrten begegneten, als „Arthur der Zigeuner" vor und zauberte so ein Lächeln auf die Gesichter dieser Leute. Und dieses Lächeln war genug, um der Bezeichnung, die mit so viel Einsamkeit verbunden war, all ihre Kraft zu rauben und sie zu einer positiven zu machen. Von da an fiel dieses Wort nicht mehr in Einsamkeit, sondern stets in Gemeinschaft und war nun mit mehr guten als schlechten Erinnerungen verbunden. Vielleicht sogar in dem Ausmaß, dass er all das mit ihm verbundene Schlechte vergaß, bis er dieses eine Lied wieder hörte. Vielleicht vergaß in all den Jahren selbst er den Grund, warum er diesen Beinamen einst angenommen hatte.

*

In der Heimat liegt Erinnerung und Erinnerung kann auch Schmerz beinhalten. In Opas Heimat liegt die Erinnerung an seine Ausgrenzungen, an die Behauptungen seines Platzes und an den Reichtum seiner Familie. Sie birgt das Märchen seines Lebens: vom verstoßenen, geächteten *Ledigen* zum geschätzten, wunschlos glücklichen Familienvater.

Opa meisterte seine Lebensaufgaben und errichtete sich so seine beiden in den vorigen Kapiteln besprochenen Formen von Heimat. Das bedeutet nicht, dass er wegen dieser Heimaten von nun an allzeit zu Hause war. Eher scheint er mir ein von Abenteuerlust und Unternehmergeist Getriebener gewesen zu sein, der überall sein wollte, am liebsten aber auf dem Weg. Womöglich bedeutet das, dass der Weg, der unbekannte und abwechslungsreiche, seine wahre Heimat war, an dessen Rand er immer wieder anhielt, um die Blumen zu gießen, ohne sich auf Dauer festzulegen, weil er stets zurückkehren konnte. Er pflegte immer zu sagen: „Überall bin ich zu Hause!" Und das war er. Denn Heimat kann man nur im Herzen tragen.

Lebensabend

„Was hat ein Reicher mehr als ich?
Ich habe alles, was ich brauche und was
ich mir wünschen kann. Was hat denn
ein Reicher mehr? Nur eines: den Geiz!"

Das Haus Dalsass in Leifers, 1984

Bei diesem Kapitel komme ich nicht umhin, einen sehr persönlichen Standpunkt einzunehmen. Es umfasst nämlich einen Großteil der Zeit, in der mein Opa mich begleitet hat, in der ich ihn kennen und die Erzählungen seiner Geschichten erleben durfte:

Im Alter von sechzig Jahren ging Arthur in Pension. Nach einem arbeitsamen Leben war sie wohlverdient. Diese Zeit fällt ungefähr mit dem Beginn seines Großvaterlebens zusammen. Im Jahr 1981 wurde seine erste Enkeltochter, Cristinas Tochter Nadia, geboren. Ihr folgten dann rasch Daniel, David, Andrea, Ivan und Arno. Einzig meine Mutter Karin ließ sich Zeit und machte so meine Schwester Martina und mich zu den Nachzüglern in der Familie. Wir Enkel wurden von Oma Rosa und Opa Arthur allesamt in unserem Heranwachsen begleitet und sie waren für jeden von uns ein stets erreichbarer Hort der Zuneigung und des Verständnisses. Nadia und Daniel, die seit jeher in Leifers wohnen, verbrachten viel Zeit bei ihnen, David und Andrea ebenfalls, obschon sie in der Schweiz wohnten. Viele Sommer lang kamen sie nach Leifers und noch heute erzählen sie glücklich davon, wie schön die Zeit war, die sie mit ihren Leiferer Cousins bei Oma und Opa verbringen durften. Vor allem anderen genossen sie die kindliche Unbeschwertheit, die ihnen bei den Großeltern zuteilwurde. Die zwei berichten oft davon, wie sie den ganzen Tag im nahe gelegenen Brantenbach verbrachten, beim Jagen von allerhand Getier, und wie sie dann nachts ins Bett geschickt wurden, mit Fußsohlen, die schwärzer nicht hätten sein können. Oma machte das absichtlich: „Des tuat jo nicht!" Es war dieses einfache Kindsein, das die Zeit bei den Großeltern für alle Enkelkinder so einzigartig machte. Dazu gehörten auch Opas Geschichten, die sich in das Gedächtnis eines jeden einprägten, denn der Elan und die Zufriedenheit, mit denen Opa sie erzählte, waren ansteckend, und alle hatten beim bloßen Zuhören so viel Spaß, als wären sie selbst dabei gewesen.

„Kinder, kommt her und hört mir zu. Jetzt erzähl ich euch was!"

So begannen Opas Erzählungen meistens. Und er beendete sie oft, indem er feststellte: „Ich könnte ein Buch füllen!", um dann in Erinnerung an sein aus eigener Kraft erfülltes Leben zu schwelgen.

Ivan und Arno wuchsen in Kanada auf und bekamen ihre Großeltern in ihrer frühen Kindheit deshalb nicht sehr oft zu Gesicht. Nur jene Male, in denen diese sie besuchten, konnten sie sie besser kennenlernen, bis sie dann im Alter von vierzehn bzw. zwölf Jahren zurück nach Südtirol zogen und sie öfters sahen. Aber Arthur und Rosa brauchte man nicht allzu oft treffen, um sie ins Herz zu schließen, weshalb sie für die beiden dieselben Großeltern darstellten wie für all die anderen Enkelkinder.

So kommen wir zu meiner Schwester und mir, die, wie bereits gesagt, erst spät zur Familie stießen. Wir hatten das große Glück, ein Haus mit unseren Großeltern zu teilen. Wir wuchsen heran und durften jahrelang die Gegenwart zweier Menschen genießen, die uns mit ihrer Lebensweisheit und Freundschaft begleiteten und uns nie im Stich ließen. Von dieser Natur sind auch die ersten Erinnerungen, die wir an unsere Großeltern haben:

Martina hat mich mal wieder *zu sehr* genervt, woraufhin ich mich mal wieder *zu sehr* aufgeregt habe. Mutter verbietet für den Rest des Tages das Fernsehen – im oberen *und* im unteren Stock. Was tun, wo doch ausgerechnet heute die neue Folge unserer Lieblingsserie läuft? Da gibt's nur einen Ausweg: Opa fragen! Mutters Verbot? Egal, unten bestimmt Opa. Schnell geht es also nach unten, rein ins Wohnzimmer, wo Opa einen Film schaut. „Haaallo, Oooopa ...? Wir wollten fragen, ob's vielleicht möglich wäre, d..." – „Da habt ihr. Schaut, was ihr wollt!" Er hält uns die Fernbedienung hin, worauf wir ungehemmt zu lachen beginnen, sie in die Hand nehmen und uns aufs Sofa setzen. „Wenn ihr eine Schokolade haben wollt: Im Schrank ist eine, heute erst gekauft!" Ja, Opa achtet immer darauf, dass sein Vorrat an Blockschokolade nicht ausgeht, schließlich isst er manchmal selbst gern ein Stück davon, wir Enkel aber noch viel

Oma, 2014

lieber. Ich will mich nicht zurückhalten und gehe zum Schrank, während ich ein langgezogenes „Daaaankeee" ausrufe und verschmitzt grinse. Also hole ich die Tafel heraus und will mir ein Stück abbrechen, schaffe es jedoch nicht, die Stücke sind zu groß. Opa muss helfen. Sodann mache ich mich ans Verspeisen. Das geht nur langsam vor sich, denn es handelt sich um ein hundert Gramm schweres Stück. Aber nein, ich habe mir nicht zu viel vorgenommen, dieser Herausforderung stelle ich mich gern! Opa beobachtet mich und lächelt mich an, woraufhin ich schnell ein Lächeln zurückwerfe, nur um sofort der Schokolade wieder meine volle Aufmerksamkeit zu widmen. In diesem Moment betritt Oma das Wohnzimmer und fragt: „Oh, ist dieses Stück nicht zu groß für dich?" „Nein, nein, das schaff ich schon." „Ach, komm her, ich teile es für dich entzwei, dann musst du dich nicht so zwingen, alles zu essen."

„Oma, wirklich – ich schaffe das!" Oma ist schon dabei, ein kleineres, angemessen großes Stückchen für mich abzubrechen, als Opa sich einschaltet: „Lass ihm das nur, Mutter, das schafft er schon!" Oma Rosa zuckt gleichgültig mit den Schultern und setzt sich auf das Sofa, auf ihren Platz. Sie sieht, was gerade läuft, und fragt Opa etwas genervt: „Musst du einen solchen Blödsinn schauen?" „Komm schon, das ist ja etwas Schönes", meint Opa lächelnd. Daraufhin verdreht sie ihre Augen, ihrem Gefühlszustand bestmöglich Ausdruck verleihend, steht auf und verlässt das Zimmer, um sich weiter um ihre Blumen zu kümmern, die sie mit riesiger Sorgfalt tagtäglich pflegt.

Solche Szenen ereigneten sich oft im Hause Dalsass, und während sich die Welt für alle Nachfahren der beiden weiterdrehte, blieb ihre beständig in zufriedener Gleichmäßigkeit. Aus diesem Grund war es immer wieder etwas Besonderes, ins Haus oder in den Garten der beiden einzutreten, ihre Gegenwart zu genießen. Es war, als würde man seinen Fuß in ein Reich fernab der großen Weltbühne setzen. Jede Minute mit ihnen war ein Geschenk, Urlaub für die Seele.

In dieser Schilderung werden die Unterschiede zwischen Oma und Opa klar ersichtlich: Während Opa stets aufs Geben bedacht war, war Oma seit jeher die Sparsame gewesen. In dieser Hinsicht waren die beiden grundverschieden. Wenn man das liest, könnte man als Außenstehender auf den Gedanken kommen, wir Enkel hätten Opa wegen seiner Freigiebigkeit lieber gehabt als Oma. Dem war nicht so: Oma stand durch ihre Liebenswürdigkeit und besondere Art Opa in nichts nach. Natürlich: Wollte ich etwas haben, lief ich zu Opa. Suchte ich Nähe zu einem mir lieben Menschen, ging ich in den ersten Jahren jedoch umso öfter zu Oma, die uns allen viel Aufmerksamkeit schenkte.

*

Ich begann erst sehr viel Zeit mit Opa zu verbringen, nachdem er seinen Führerschein abgegeben hatte und deshalb nicht mehr halb Südtirol besuchen konnte. Dies geschah im Jahr 2014.

Damit begann ein neues Kapitel in seinem Leben, da er den Tag ab sofort zu Hause verbrachte und nicht wie gewohnt unter vielen fremden Menschen. Das Leben, das seine Frau seit Jahrzehnten führte, sollte nun auch zu seinem werden. So tauschte er die Gesellschaft seiner Kollegen gegen die Gesellschaft seiner Familie. Lange Zeit noch kümmerte er sich mit Oma um den Garten ihres Hauses, welches mittlerweile kaum mehr etwas mit dem einst von ihnen gekauften gemeinsam hatte. Es war auch in dieser Zeit, dass ich die Tiefe seiner Geschichte zu begreifen begann. Bald war es nicht mehr nur so, dass er mich wie alle anderen Enkel beim Heranwachsen beobachtete, sondern dass auch ich ihn zu beobachten begann. Die Abgabe des Führerscheins ermöglichte es mir, immer mehr Zeit mit Opa zu verbringen und viele seiner Geschichten zu sammeln. Er erzählte mir sowie allen anderen, vieles aus seinem Leben, wobei immer wieder die bekannten Anekdoten zur Sprache kamen:

„Als junger Erwachsener wettete ich mit ein paar Arbeitskollegen um ein paar Lire, dass ich mir eine Glatze rasieren würde. Natürlich hielt ich mein Wort: Haare ab – Lire erhalten. Anschließend schämte ich mich aber so sehr, dass ich fortan einen Hut aufsetzte und diesen nicht mehr abnahm. Nicht einmal in der Kirche! Zudem rieb ich meine Glatze mit viel Birkenwasser ein, damit meine Haare schneller nachwachsen würden. Das hat leider nicht geholfen. Jedenfalls: Für jeden Blödsinn war ich zu haben! Da war ich immer der Erste, und beim Feiern war ich immer der Letzte, der gegangen ist!"

Er erzählte meistens seine unterhaltsamen Geschichten, gelegentlich warf er auch ein, dass ihn seine Mutter weggegeben hatte. Die viele Zeit, die ich mit ihm verbringen durfte, lohnte er mir mit dem

Vertrauen, mir seine weiteren Geschichten zu erzählen. Nicht nur jene seiner Streiche, sondern nach und nach auch die vielen traurigen.

*

Das Erleben von Oma und Opa war immer ein Genuss. Sie ergänzten sich auf eine so eigene, seltene Art, dass das Beisammensein mit ihnen einen mit Freude erfüllen konnte. Schon allein das tägliche Mittagessen machten sie zu einem Spaß für meine Schwester und mich – manchmal zum Leidwesen unserer Eltern. Unvergesslich sind Opas Erzählungen, die Oma stets kritisch hinterfragte, sowie ihre unerwarteten, unterhaltsamen Aussagen und Handlungen, die so plötzlich erfolgten, dass sie jeden unvorbereitet trafen und man lange ihretwegen lachen musste. Etwa nach vollendetem Mahl: In ihren letzten Jahren begann Oma damit, nach dem Essen ihr Gebiss mit bloßem Finger zu reinigen. Gelang ihr dies nicht, so zögerte sie nicht, das Gebiss herauszuholen und die Essensreste in ihrem Mund geräuschvoll mit Wasser runterzuspülen. Tat Opa dies anfangs nie, belustigte er uns Kinder nach Omas Tod umso häufiger damit. Das lag hauptsächlich an den wiederholten Bitten meiner Schwester, für die das den Höhepunkt des Essens darstellte – wie gesagt: zum Leidwesen unserer Eltern.

Die Zeit mit unseren Großeltern war wunderbar. Nach dem Tod von Rosmarie hatte keiner der beiden mehr größere Rückschläge hinnehmen müssen. Opa tat dies gut: Etwas Ruhe kehrte in sein Leben ein. Ruhe, die er benötigte. Ruhe, die ihm guttat. Der letzte Verlust für ihn war der Tod seiner Rosa im März 2016, weswegen er so manche Träne vergoss. Schlussendlich konnte er aber auch sie ziehen lassen, weil er ein erfülltes Leben mit ihr geteilt hatte. Weil sie nun endlich erlöst war, wie sie es sich während ihrer letzten Jahre und besonders während ihrer letzten Wochen gewünscht hatte. Er konnte sie dem Tod überlassen. Wissend, dass er kein Feind ist, sondern ein Freund, der dir seine Hand reicht, wenn deine Beine dich nicht mehr zu tragen vermögen.

Die Zeit nach ihrem Tod verging sehr friedlich, und er bewerkstelligte es, Ruhe in sein stürmisches Inneres zu bringen. Teilweise änderte er sich stark. Einige Charaktereigenschaften verkehrten sich in ihr Gegenteil, während er andere zeitlebens beibehielt.

Zum einen wäre da seine Extravertiertheit, die ihm in der Jugend so manchen Vorteil verschafft und die er nie abgelegt hatte. Er liebte es, Feste zu veranstalten, zu denen Unmengen an Leuten erschienen. Bei ihm hieß es immer: „Je mehr Leute hier sind, desto besser!" An Umgang mangelte es ihm folglich nie, und je älter er wurde, desto mehr machte er seine Familie zu seiner Lieblingsgesellschaft. Nun gut, er hatte auch nicht sonderlich große Auswahl, denn sein ganzer Jahrgang aus Deutschnofen war schon vor Jahren verstorben, aber er konnte sich den Gegebenheiten gut anpassen, und als Neunzigjähriger hätte er die Gesellschaft seiner Familie gegen nichts ausgetauscht. Fremde Leute sah er dennoch immer gern kommen und gehen. So genoss er es beispielsweise, wenn Daniel oder ich als Jugendliche in seinem Keller Feiern veranstalteten, und er ließ es sich nie nehmen, kurz vorbeizuschauen. So auch im folgenden Fall:

Mit meinen Klassenkameraden veranstaltete ich 2019 in seinem Keller eine Feier. Am Tag zuvor hatte ich ihn um Erlaubnis gebeten. Opa, mittlerweile etwas dement, legte sich meist um neun Uhr abends schlafen. Meine Feier begann um zehn Uhr. Er war also schon eine Weile im Bett, als meine Freunde eintrafen. Wir versammelten uns im Keller und feierten, als plötzlich die Kellertür aufging und zunächst der Gehstock und dann Opa zur Tür hereinlugten: „Hoi, i bin dor Arthur, dor norrete Opa vom Markus!" Sein zerzaustes Haar, der Pyjama, den er trug, und sein breites Grinsen boten einen herrlichen Anblick und zauberten ein Lächeln auf die Gesichter der Anwesenden. Zuallererst ließ er sich von mir ein Glas

Wein bringen. Dann erzählte er viel und lange, und immer fiel ihm etwas Neues ein, bis er sein Glas geleert hatte und er beschloss, doch besser schlafen zu gehen.

Erstaunlich an dieser Geschichte ist, dass sich Opa trotz seiner Demenz sogar einen Tag später noch an meine Bitte, in seinem Keller feiern zu dürfen, erinnerte. Daran kann man erkennen, dass ihm das Feiern und die Gemeinschaft wahrlich immer sehr wichtig waren.

Auch seine einnehmende Art wusste er stets zu bewahren. Als Kind war ihm diese Art hilfreich gewesen, Freunde zu gewinnen und nicht völlig alleine dazustehen. Mit den Jahren wurde er dadurch zu einem beinahe unnachahmlichen Geschichtenerzähler, und jedes Ohr lauschte, sobald er von einem angerichteten Unfug zu erzählen begann, genauso wie beinahe jeder Mund lachte, als er damit fertig war.

Auch manche Eigenheiten begleiteten Opa ein Leben lang: Da er in seiner Kindheit nie geduscht hatte, wurde das für ihn im Alter zu einer *unvorstellbaren Pein*. Von seinen Kindern wurde er einmal in der Woche geduscht, und schon Tage zuvor fürchtete er sich davor und begann, scherzhaft um Gnade zu flehen. Immer versuchte er, die Qual mit verschiedenen Sprüchen oder Bitten abzuwehren, wie zum Beispiel „Lasst mich noch leben" oder „Peinigt mich doch nicht so, womit habe ich mir das verdient?". Bei dieser Diskussion gab es aber kein Pardon, und auch alle Versicherungen wie „Ich habe mich heute am Morgen gewaschen" oder „Ihr werdet schon noch erfahren, wie das ist, und dann werdet ihr an mich denken!" stießen auf taube Ohren. Dank der liebenden Pflege, die ihm von seinen Kindern entgegengebracht wurde, war er stets bereit, von Bekannten Besuch zu empfangen oder einen Ausflug in die nahe gelegene Bar mit den Nachbarn zu unternehmen.

Opas Konfrontationslust und -bereitschaft wich hingegen dem unbedingten Wunsch nach Harmonie und Frieden. Auch dazu kann ich ein Beispiel aus meiner Erinnerung nennen: An einem Abend im Februar 2019 schlief er gegen neun Uhr friedlich in seinem Bett, seine Tochter Cristina hatte sich mit ihrem Ehemann um seine Verpflegung gekümmert und war anschließend nach Hause gefahren. Meine Familie und ich waren erst von einem Ausflug zurückgekehrt und hatten Opa daher abends nicht mehr besucht. Gegen elf Uhr vernahmen meine Schwester und ich plötzlich verdächtige Geräusche an unserer Haustür. Wer konnte das sein, wenn nicht ein Einbrecher? Wir erschraken ziemlich und schlichen uns hinaus – doch im dunklen Hausflur stand nur die verwirrte Gestalt von Opa, der uns völlig aufgelöst fragte: „Was habe ich denn getan, dass eure Eltern und ihr mit mir zornig seid? Ich denke schon seit so langer Zeit darüber nach, es will mir einfach nicht einfallen. Ihr wart schon seit Tagen nicht mehr bei mir, nicht einmal heute Nacht, um mir eine gute Nacht zu wünschen. Dabei tut ihr das doch immer. Bitte sagt mir, was ich verbrochen habe!" Augenblicklich versuchten wir, Opa zu beruhigen und ihm zu versichern, dass niemand auf ihn wütend wäre. Er glaubte es uns nur zum Teil, er wollte es unbedingt aus dem Mund unserer Mutter hören, weshalb er in ihr Zimmer trat, sich zu ihr ins Bett setzte und um Vergebung bat. Sie schaffte es, ihn zu beruhigen, worauf wir ihn zurück in sein Zimmer begleiteten. Dort konnte er nun ruhigen Gewissens und reinen Herzens einschlafen.

An dieser Geschichte sieht man, wie viel meinem Opa am Frieden lag und wie sehr er sich wünschte, mit allen gut auszukommen. Das waren in diesen Jahren auch seine obersten Prioritäten: Leben in Frieden und Harmonie, Zusammenhalt seiner Familie. Diesen Frieden aufrechtzuerhalten, gelang ihm nicht immer voll und ganz, die meiste Zeit seiner letzten Jahre fristete er jedoch in friedvoller Beständigkeit. Hunderte Male versicherte er:

„Ich besitze viel mehr als jeder andere. Ich bin wunschlos glücklich. Kein Reicher hat mehr als ich; niemandem geht es so gut wie mir – weil ihr mich alle mögt!"

Ein Charakterzug, den er in all den Jahren bewahrte, war seine Schlagfertigkeit:

„Vor einigen Jahren erhielt ich Besuch von zwei Damen, die als Zeuginnen Jehovas unterwegs waren. Sie baten an der Haustür um Einlass, damit sie mit mir über Gott sprechen könnten. Ein solches Gespräch wollte ich verständlicherweise vermeiden. Unhöflich sein wollte ich aber nicht. Der einzige Ausweg, den ich sah? Ich schaute sie entrüstet an und fragte verwundert: „Ja, lest ihr denn nie Zeitung? Wisst ihr nicht, wie viele Männer von Frauen vergewaltigt werden? Nein, euch lass ich nicht in mein Haus, vor euch fürchte ich mich!' Diese Aussage genügte den beiden vollkommen, sie suchten umgehend das Weite. Und auch ich hatte meine Ruhe."

Ein Punkt, in dem Oma recht behalten sollte, war Opas lockere Brieftasche. Selbst nach Omas Tod änderte sich nichts daran. Oft brach er zu einem nahe gelegenen Flohmarkt auf, um dort Dinge zu kaufen, die er haben wollte, aber eigentlich nicht brauchte. Eine besondere Vorliebe hatte er für Taschenmesser und Bierkrüge, und beim Erwerb dieser ließ er es sich nicht nehmen zu handeln, wie in den harten alten Zeiten. Am Beispiel Handel erkennt man sehr gut, wie manche Vorlieben Opas in all den Jahren gleich blieben, wie seine Lage und er sich als Mensch jedoch veränderten: Der Handel stellte für Opa als Kind eine wichtige Einnahmequelle dar, damals konnte er es sich nicht erlauben, auch nur eine Lira zu viel für sein Erworbenes auszugeben. In den vielen Jahren als pflichtbewusster Arbeiter und Familienvater hatte er hingegen genügend Geld gespart, auf das er als alter Mann zurückgreifen konnte. Der Handel war für ihn als Senior daher ein unterhaltsamer Zeitvertreib, weshalb er in seinen letzten Jahren auf eine besondere Art handelte:

Sobald er einen interessanten Artikel ausfindig gemacht hatte, fragte er den Verkäufer nach dem Preis. Die Verkäufer, die meinen Opa bereits kannten, schienen mir dabei stets einen etwas höheren Preis anzusetzen, weil sie um seine Zahlungsbereitschaft wussten. Den Preis handelte er, wie früher, hinunter. Im Unterschied zu früher jedoch nur um einen Bruchteil des Gesamtpreises. Als ihm das gelungen war, nahm er bereitwillig und stolz auf den Handel sein Geld hervor und gab es dem Verkäufer. Meine Beobachtung kann mich auch trügen, doch es kam mir so vor, als nervte es meinen Opa, wenn ein Verkäufer zu wenig verlangte, sodass Opa den Preis nur bewusst wenig herunterhandelte. Fast so, als wäre Opa sogar als Käufer lieber in die Rolle des Verkäufers gewechselt, um den Preis selbst noch höhertreiben zu können, gleichgültig, ob er anschließend einen viel zu hohen Preis für das Produkt zu zahlen gehabt hätte. Aus reinem Spaß am Geschäft. Aus reiner Freude an seinem selbst erarbeiteten Reichtum.

Opa verbrachte seine letzten Jahre also zu Hause. Unter geliebten Menschen, die ihm täglich Aufmerksamkeit schenkten, weil er sie sich verdient hat, weil er durch seine Aufmerksamkeit ein Leben meistern konnte, das schwer zu leben war. Meine liebsten Geschenke waren seine Geschichten und seine Ansichten, wobei er mir, wie auch allen anderen seiner Nachfahren, gern Geld schenkte: „Schau in meine Brieftasche und nimm dir einen Schein. Keine Sorge, der Alte hat schon Geld, hoho!"

Zudem genoss jeder von uns seine Liebe, die nicht immer den direkten Weg nahm, in irgendeiner Form dennoch jedes Mal zum Empfänger gelangte.

Was sich nicht veränderte, war die Zuneigung zu seiner Familie: Als Achtzigjähriger wurde ihm sein erstes Urenkelchen, Ginevra, geboren. Ihr folgten Alex, Lukas, Vera, Olivia, Philipp und Anja. Diese sieben Kinder bereiteten ihm überaus große Freude, täglich bekam er Besuch von Cristina mit mindestens einem der Urenkel, wobei auch andere Familienmitglieder regelmäßig vorbeischauten. Darauf legte er großen Wert. Beim Aufbruch eines jeden fragte er dann: „Du kommst mich mal wieder besuchen, nicht?!"

Die Letzte in der Reihe der Urenkel, die Zeit mit Opa verbringen durfte, war Anja. Sie und Opa boten ein herzerwärmendes Bild: Hielt man sie vor ihn hin, lachte er sie jedes Mal derart an, dass sie nicht anders reagieren konnte, als zurückzulachen und mit ihrem ganzen Körper freudig zu zappeln. Es war für mich eine wahre Augenweide, die beiden miteinander zu sehen, und es bestätigte mir noch einmal die Herzensgüte, die meinem Opa innewohnte. Denn einem Kind kann man Liebe nicht vorspielen.

*

Die beträchtlichen Veränderungen in Opas Wesen traten 2019 deutlich hervor: Er bevorzugte es, zu Hause zu bleiben, unternahm mit seinen Nachbarn ab und zu Ausflüge in das Gasthaus nebenan und genoss ansonsten die Ruhe. Etwas, das keiner für möglich gehalten hätte, trat ein: Arthur Dalsass lebte ein ruhiges, beständiges Leben. Seine Nachbarn waren mittlerweile zu guten Freunden geworden. Bei ihren Ausgängen waren sie meist zu viert und sahen als bejahrteste Clique der Nachbarschaft nach dem Rechten. Der Jüngste im Bunde war Alfred Gamper mit seinen zarten vierundachtzig Jahren. Josef Prossliner belegte als Fünfundachtzigjähriger zusammen mit meinem neunzigjährigen Opa das Mittelfeld. Dann war da noch der älteste, aber nicht minder fitte Luis Baldo, der als Fünfundneunzigjähriger das Altern so leicht scheinen ließ wie das Atmen. Es war stets eine Freude, sich mit ihnen abzugeben, weil man an ihnen sehen konnte, dass man während eines ganzen Lebens mit allen Wassern gewaschen wird. Mein Opa saß dennoch die meiste Zeit dieser Jahre in seinem Stuhl vor dem Haus und beobachtete all jene, die die Straße entlangliefen, wechselte einige wenige Worte mit ihnen und ließ sich dann wieder von der Stille umschließen. Wie man ihn so dasitzen sah, schien er vollends glücklich, im vollkommenen Einklang mit der Welt und seiner Geschichte und bereit für alles, was noch auf ihn zukommen möge. Er behauptete stets, sich nicht zu fürchten, und so wirkte es auch: Geduldig wartete er, in stoischer Ruhe auf seinem Stuhl sitzend. Dem Tod war er bis zu dieser Zeit schon manches Mal entronnen, entrinnen wollte er ihm zu diesem Zeitpunkt nicht mehr. Es hatte den Anschein, als erwartete er mutig sein letztes großes Abenteuer.

„Darüber müssen wir reden …"

„Jetzt bin ich schon älter als neunzig und meine Jahrgangskollegen aus Deutschnofen sind allesamt seit Jahren tot. Mich aber will der Teufel einfach nicht!"

Opa (ganz rechts) mit einem Teil des Jahrgangs 1928 aus Deutschnofen

Wenn es ein Thema gibt, das mich in Bezug auf meine Großeltern viele Jahre lang beschäftigt hat und es immer noch tut, so ist das der Tod. Zumindest in der Zeit, in der ich sie kannte, verging kaum ein Tag, an dem ich mich nicht in irgendeiner Form mit dem Tod konfrontiert sah – ihretwegen. Soweit meine Erinnerung zurückreicht, sehe ich meine Oma vor mir, die prophezeit: „Lange wird's bei mir nicht mehr gehen. Wenn die Kraft zu Ende ist, dann ist der Herr nahe!" Dass ich trotzdem rund siebzehn Jahre mit ihr verbringen durfte, spricht für sich. Genauso wie ihre Interpretation des Spruches: „Wenn die Kraft zu Ende ist, dann ist Erbarmnis Gnade." Dessen Richtigkeit erkannten wir erst Jahre nach ihrem Tod, womit sie selbst lange nach ihrem Ableben für so manches Lächeln sorgte. Oma zögerte niemals, ihren Tod vorauszusehen und anzusprechen. Opa hingegen befasste sich lange Zeit kaum mit diesem Thema. Falls er es doch einmal tat, dann auf scherzhafte Weise. Seine Art, darüber zu reden, war sehr oberflächlich, während ich schon früh verstand, von Oma hier viel lernen zu können. Unsere häufigen Gespräche über den Tod waren auch ihrem sichtbaren Alterungsprozess geschuldet, den sie selbst machtlos hinnehmen musste. Dieses langsame Abnehmen körperlicher und kognitiver Fähigkeiten setzte bei Opa erst später ein, zumal er drei Jahre jünger war. Wahrscheinlich sah Opa auch deshalb in diesen Jahren nicht die Notwendigkeit, tiefgründiger über das Sterben nachzudenken. Hauptsächlich wegen des sich stetig verschlechternden Zustandes meiner Oma und wegen ihrer leichtherzigen Art, das Thema anzusprechen und mit ihm umzugehen, wurde ich immer häufiger damit konfrontiert. Die bei Oma langsam voranschreitende Demenz bereitete mich vorsichtig auf ihr Ableben vor. Sie zwang mich regelrecht dazu, mit Omas Tod zu rechnen. Ich erinnere mich vor allem an einen Vorfall, den ich niemals vergessen werde: Meine Oma stand in ihrer Küche, als ich sie besuchte. Sie begrüßte mich herzlich und wandte sich dann nach dem Wasserkocher um, den sie vor meinem Erscheinen auf die Herdplatte gestellt hatte. Ich wollte ihr behutsam beibringen, dass er nicht dahingehörte, als sich ein beißender Geruch verbreitete. Die Hitze der Herdplatte hatte das Plastikgehäuse zum Schmelzen gebracht, der Wasserkocher war kaputt. In diesem Moment aber viel schlimmer: der Blick in die Augen meiner Oma. Irgendetwas darin war ebenfalls kaputtgegangen. Zerbrochen. Zersplittert. Fragend sah sie mich an. Wohin der Wasserkocher denn gehöre? Sie verstand ihren Fehler und auch das Ausmaß ihrer Krankheit: Schleichend würde sie ihr den Verstand rauben.

Es ist wohl verständlich, wenn man sich nach Begebenheiten wie dieser viel mit dem Lebensende beschäftigt. Bei meinen Überlegungen, die sich damals in erster Linie um meine Oma drehten, war sie selbst mir glücklicherweise sehr hilfreich: Ihre Einstellung zum Sterben war keine verkrampfte, ängstliche, nein – sie freute sich auf den Tag, an dem sie weiterziehen dürfte. So sehr, dass sie schon Jahre vor ihrem Tod, den sie beinahe täglich erwartete, nach passenden Sprüchen für ihr Sterbebild suchte. Ich hatte das zweifelhafte Glück, diese Sprüche einmal zu finden, woraufhin sie mich eines ihrer Lieblingsgedichte lehrte:

Beim Totengräber pockt es an:
Tu' auf, mach' auf die Tür und nimm den Stab
musst zeigen mir ein teures Grab

Wie heißt der Teure, der euch starb,
und sich bei mir dies Viel erwarb
Ja, kennt' ihr nicht den Marthas Sohn Wohlangesicht?

Hilf' Gott, so groß, so braun gebrannt
Hätt' nie und nimmer euch erkannt

D'rum kommt und seht
Hier ist der Ort
Nach dem gefragt
Mich euer Wort

Der Krieger stand lang und schweigt
Das Haupt hinab
Zur Brust geneigt

Dann schüttelt er sein Haupt und spricht:
„Nein, nein, hier wohnt die Tote nicht

Wie schlöss' ein Raum, so eng und klein
die Liebe einer Mutter ein?"
Johann Nepomuk Vogl: *Ein Friedhofsgang* (1842)

Dieses Gedicht war einer von unzähligen Anlässen, zu denen ich
mich mit Oma über das Sterben unterhielt. Nachträglich erkannte
ich, dass sie mir eine etwas abgeänderte Version des Gedichtes
beigebracht hatte. Das tut aber nur wenig zur Sache, schließlich
soll es in diesem Kapitel um das Sterben gehen. Um das Sprechen
über unser aller Los: die Vergänglichkeit. Dabei pflegte Oma einen
Satz ganz besonders oft zu wiederholen, der die Gerechtigkeit des
Todes widerspiegelte:
„Und keiner kann sagen: Du musst vor mir gehen."
Wie ich bisher von meiner Oma berichtet habe, könnte man meinen, sie litt an einer Depression oder anderen Erkrankung, die in
ihr den Wunsch zu sterben schürte. Dem war aber nicht so. Oma
war eine allzeit zufriedene Frau, die nur wenig zu einem glücklichen Leben brauchte. Als ich mit ihr sprach, war es nun mal so,
dass sie bereits ein erfülltes Leben gelebt hatte und sich dem Tod
nicht entziehen, sondern ihn willkommen heißen wollte – was ihr

schlussendlich auch gelingen sollte; einige Tage nachdem ich ihr Fragen zum Leben gestellt hatte, die mich brennend interessierten, unter anderem, worauf man im Leben achten sollte. Ihr zufolge war das Wichtigste im Leben die Suche nach Zufriedenheit. Wenn man sie ernsthaft suche, dann besuche sie einen und mache das Leben um vieles schöner. Kurze Zeit nach diesem Gespräch verstarb Oma. Mit ihrem Hinscheiden sollte auch bei Opa ein anderer, intensiverer Umgang mit dem Tod sichtbar werden, wenngleich er immer noch sehr oberflächlich darüber sprach.

*

„Ich lebe als Einziger meines Deutschnofner Jahrgangs noch, obwohl wir zu dreizehnt waren! Da kann man nichts machen, der Teufel will mich einfach nicht haben!"
Mit dem Vergehen der Jahre ist es mir gelungen, auch hinter diese von Opa erbaute Fassade zu blicken. Es wunderte mich, warum er dies immer derart scherzhaft sagte, sodass nach und nach Zweifel in mir aufkamen, ob er es auch wirklich so meinte. Er wollte bei Zuhörern im ersten Moment den Anschein erwecken, froh zu sein, noch zu leben, während alle anderen bereits gestorben waren. In einem zweiten Moment wollte er diese Zuhörer zum Lachen bewegen, vielleicht damit sie nicht weiter über seine Lage nachdachten, damit er nicht weiter nachdenken müsste. Beim ersten Gespräch, das ich hierüber ernsthaft mit ihm führen konnte, gelang es ihm allerdings nicht, mir etwas vorzumachen:
Es ist im Frühjahr 2019, wegen der Arbeiten an der ersten Version dieses Buches habe ich einen Großteil des Tages bei ihm verbracht. Mittlerweile ist die Nacht hereingebrochen, der Fernseher läuft, während Opa nur halbherzig schaut und seinen Gedanken nachhängt. Weil mich die Szene an das Gespräch mit meiner Oma vor ihrem Tod erinnert, entschließe ich mich, ihn nach dem Geheimnis des Todes zu fragen. Was ihm zum Thema Tod einfalle? Die immer

gleiche Antwort erklingt. Diesmal hörte ich überraschenderweise etwas Neuartiges aus ihr heraus: Ist da ein klein wenig Schmerz, verborgen hinter der ironischen Aussage, der Teufel wolle ihn nicht? Wie er sich fühlen mag, wo seine Kollegen doch seit Jahren schon tot sind?

„Na ja, keiner von ihnen wäre mir hier im Weg. Sie waren gute Menschen, ich hätte sie gern noch hier. Ich weiß nicht, warum sie nicht mehr hier sein dürfen ..."

Oder weißt du nicht, warum du noch immer hier sein musst? Als Einziger? Beim Sprechen über seine Freunde höre ich den Schmerz immer stärker heraus. Es ist fast so, als würde er sie ein klein wenig beneiden, als fände er es ein klein wenig unfair, dass er als Letzter noch am Leben ist.

Der Leser fragt sich möglicherweise, ob ich Opa, der stets leben wollte, unrechtmäßig einen Sterbewunsch unterstelle. Lange Zeit fragte ich mich das auch, während ich meinen Opa begleitete. In seinen letzten Monaten häuften sich indes Momente, meist abends, in denen er der Verzweiflung nahestand wegen seines Loses, noch nicht gestorben zu sein.

„Sterben will ich. Einfach nur sterben. Endlich sterben will ich. Was soll ich hier noch? Ich bin nur mehr im Weg. Sterben will ich! Nichts als sterben!"

Einen Abend habe ich ganz besonders im Kopf, als ich mit meiner Schwester bei ihm war und er auf diese Weise sprach, während er tränenüberströmt zusammengekauert dalag und nicht mehr wollte. Ansonsten geschah das nur äußerst selten, wenn überhaupt. Mir ist, als hätte er nur ein, zwei Mal auf ähnliche Art gesprochen, nicht öfter. Am Tag nach diesem Zusammenbruch beteuerte er mehrmals, das sei nichts weiter als eine kleine Krise gewesen, natürlich wolle er leben. Das sei ja klar.

Klar ist das nicht. Klar ist nur, dass sich der Charakter meines Opas schwer mit dem Sterben vereinbaren ließ. Auch wenn Opa im Alter zunehmend lebensmüder auf mich wirkte, wollte er jedem beweisen, dass er immer noch derselbe starke Mann von früher war. In meinen Augen war das der Grund, weshalb er am Leben festhielt, wenn es ihn auch nicht mehr stark reizte: Nach einem lebenslangen Kampf ums Überleben kann ein Mensch nicht einfach so dazu übergehen, sterben zu wollen. Deshalb ist es umso wichtiger, dieses Thema anzusprechen. Manche Menschen wollen sich das Sterben nicht zugestehen. Seit ich mich erinnern kann, konnte ich mit Opa offen über alles reden, auch übers Sterben. Nur weiß ich nicht, wie offen er gegenüber sich selbst war. Selbst im 21. Jahrhundert wird das Thema noch stiefmütterlich behandelt und häufig unter dem Motto betrachtet: *Sterben tun nur die Schwachen.* War dies die Einstellung, die dazu führte, dass mein Opa sich an seinem Ende schwertat?

Ich selbst habe bislang nicht mit diesem Thema gehadert. Das soll keineswegs bedeuten, dass ich den Tod als etwas Gutes sehe oder dass er mich nicht auch jedes Mal stark mitnimmt. Ich sehe ihn vielmehr als etwas Notwendiges, das uns Menschen erst den Wert des Lebens klarmacht. Denn sterben werden wir alle – wenn wir Glück haben, erst dann, sobald wir bereit sind. Wer kann aber von sich selbst behaupten, bereit zum Sterben zu sein? So gut wie niemand, denn es liegt nicht in unserer Natur, den Tod zu akzeptieren. Der Instinkt drängt uns dazu, weiterleben zu wollen. Wir sollten jedoch einsehen, dass der Tod zum Leben gehört und in seiner Endgültigkeit dieses erst lebenswert macht. Sollten wir deshalb nicht vielleicht versuchen, im Leben den Tod zu bedenken, anstatt ihn zu verdrängen und uns erst damit zu beschäftigen, wenn er unausweichlich ist? Sollten wir nicht vielleicht überzeugter versuchen, uns nicht an Dingen aufzuhängen, die uns nicht guttun? Menschen zögern den Tod oftmals hinaus, um mehr Dinge anzuhäufen, die ihnen der Tod wieder nehmen wird. Und das, während sie Dinge tun und empfangen könnten, die den Tod überdauern. So wie die von Liebe geprägten Worte und guten Taten meines Großvaters. Könnte uns ein Leben in Liebe und Achtsamkeit vielleicht dort hinbringen, wo wir den Tod nicht um jeden Preis bekämpfen?

*

Wenn Opa auch in seinen letzten Monaten auf mich wirkte, als würde er des Lebens immer müder werden, soll der Leser nicht glauben, er hätte keinen Spaß mehr daran gehabt. Nach wie vor verstand er es, sein Leben ausgesprochen unterhaltsam zu gestalten und es gut zu leben. In diesen Jahren ging es ihm zumeist gut. Außer den bereits erwähnten seltenen Tiefpunkten war er lebensfroh, und auch das Sterben schien ihm nur wenig auszumachen: „Ob ich Angst habe vor dem Sterben? Nicht im Geringsten. Ich habe es noch immer geschafft, mich zu wehren und alles zu überstehen. Der Tod macht mir bestimmt keine Angst!"
Womöglich glaubte er wirklich, vor dem Zeitpunkt des Sterbens keine Angst zu haben. Schließlich könnte er sich sicherlich mit seiner Kraft durchsetzen und vorausgehen. Wie stand es jedoch um die Zeit nach dem Tod? Macht diese nicht jedem Menschen etwas Angst? Die Ungewissheit, was danach geschehen wird, und die Machtlosigkeit, irgendetwas daran ändern zu können?
Es sollte mir nie gelingen, mit Opa auf solche Weise über das Thema zu reden, dass er sich selbst Fragen stellte. Denn er wurde ganz unerwartet ins Krankenhaus eingeliefert, von wo er nicht mehr zurückkehren sollte, und – obwohl wir unzählige Stunden gemeinsam verbracht hatten – sprachen wir niemals so über das Thema, wie ich es mit Oma getan hatte.
Am 6. Mai 2019 wurde er wegen Schmerzen ins Bozner Krankenhaus eingeliefert. Anfangs sah es nach nichts weiter Schlimmem aus, als er aber zur Nachkontrolle im Krankenhaus bleiben musste, machten sich langsam Sorgen in der Familie breit. Nach einigen Tagen im Krankenhaus begann er, körperlich sichtlich abzubauen. Nach kurzer Zeit war sein ganzer Körper bereits in sich zusammengefallen,

er war nur mehr ein Schatten seiner selbst. Etwas, das mich beruhigte, war die auffallende Ähnlichkeit, die ihn mit Oma in ihrer letzten Zeit verband: Es schien, als hätte er sich in den Wochen und Monaten vor diesem Aufenthalt darauf vorbereitet, das friedvolle Warten gelernt. Zum Zeitpunkt, wo er nur mehr dort liegen musste, lag er völlig entspannt da, genauso wie Oma drei Jahre zuvor, mit dem Unterschied, dass sie zu Hause war. Und Opa machte den Eindruck, als sei er bereit. Bereit für dieses letzte Abenteuer. Er wusste, dass es kommen würde, hatte es zu Hause in der Zeit zuvor sogar sehnsuchtsvoll erwartet, wie er uns an manchen Abenden und in manchen Nächten mitgeteilt hatte. Seine Zeit war reif, mehr noch: Er brauchte diesen Abschluss. Natürlich hofften einige von uns noch, er möge heil nach Hause zurückkehren, tief in ihrem Inneren begannen aber alle zu begreifen, dass dem wohl nicht mehr so sein würde. Opa hatte es mit seiner Reise nicht eilig, im Gegenteil, er ließ sich Zeit, gab jedem seiner Verwandten die Möglichkeit, zu ihm zu kommen und sich zu verabschieden. Dies tat dann auch jeder, und jeder Besuch erfüllte ihn mit Dankbarkeit. In den ersten Tagen im Krankenhaus, als er noch einigermaßen bei Kräften war, genoss er vor allem den Besuch seiner Urenkel und meinte einmal nach deren Besuch: „Des sein olles meine Kinder, de gheren olle mir!" Dann legte er sich wieder erfüllt hin, um sich auszuruhen. Das ging eine Weile so, und sein Zustand wurde langsam, aber beständig schlechter. In seinem erschöpften Körper war noch immer jenes unbeugsame Wesen zu finden, das sich gegen alle Schwierigkeiten durchzusetzen wusste. Das wurde auch von den ihn betreuenden Krankenschwestern erkannt. Eine von ihnen erklärte: „Nur selten haben wir so einen Patienten gehabt. Eigentlich müssen wir sonst immer die Angehörigen fragen, ob der Patient in verschiedenen Situationen etwas will, bei ihm ist das ganz anders: Ihn können wir direkt fragen, er weiß genau, was er will, und sagt es uns auch klar!" Dieselbe Krankenschwester begriff, dass Opa sich mit dem

Loslassen unheimlich schwertat. Deshalb sagte sie in einem Gespräch einmal, dass es für Sterbende wichtig sei, von Angehörigen mitgeteilt zu bekommen, dass es in Ordnung wäre, wenn sie gingen. Dass Angehörige sie gehen lassen würden, weil sie sich damit abgefunden hätten. Dass sie ihnen diese wohltuende Ruhe gönnen würden. Denn das würde ihren Beobachtungen zufolge vielen Menschen das Sterben erleichtern. Sie sollten nicht zum Kämpfen motiviert werden. Der Todeskampf ist, je nach Lebensstufe, sehr unterschiedlich. Ich glaube, ab einem gewissen Punkt bedeutet *siegen* nicht mehr *leben*. So traurig es für die Angehörigen auch sein mag. Was mich in der Zeit seines Aufenthaltes leider noch viel trauriger stimmte, war sein Zustand: sein Körper, unfähig sich aufzurichten, wobei er kurze Zeit zuvor noch regelmäßig spazieren gegangen war; seine Arme, kraftlos, obwohl sie scheinbar gestern noch Dinge angepackt hatten; sein Geist, müde und an neuen Eindrücken nicht interessiert; seine gemarterte Gestalt, die Wochen ausharren musste, ehe sie den Kampf gewinnen konnte. Nachdem immer gleiche Tage für ihn vergangen waren, wurde er des Wartens langsam überdrüssig und meinte schlicht: „Das dauert hier aber lang, es geht nicht leicht ...“ Dennoch bewies er, wie schon so oft in seinem Leben, eiserne Disziplin und trug sein Kreuz ohne ein Wort der Klage. Schließlich wurde er in die Bonvicini-Klinik verlegt. Dort war die Situation tagelang dieselbe, er lag da, unfähig, sich richtig zu bewegen, und zu müde, um richtig zu sprechen. Einige Worte sprach er dann doch. Auf die Frage, was er den Tag über so denke, antwortete er einfach: „Nicht viel, ich bin nur neugierig, wie es weitergeht!“ Als er dann gefragt wurde, ob er denn Angst habe vor dem, was vor ihm liege, schüttelte er den Kopf und lächelte müde: „Angst? Nein! Angst hatte ich nie, vor gar nichts!“ Das war mir und uns ein kleiner Trost – Opa wusste sich stets zu behaupten und sah jeder Herausforderung gelassen und mutig entgegen. Hier war es anscheinend nicht anders. Und auch in der Bonvicini-Klinik ertrug er alles mit engelsgleicher Geduld. Dass seine letzten Tage gekommen waren, verstanden wir nun deutlicher, einige kleine Halluzinationen, in der Zeit vor dem Sterben nicht selten, waren klare Indizien:

„Oh, macht etwas Platz! Da steht eine wunderschöne Frau, die zu uns treten will. Wer ist denn diese schöne Frau?"

Diese Halluzinationen, geschuldet chemischen Prozessen im Gehirn, sind im Grunde genommen Schutzmechanismen unseres Körpers, damit wir im Augenblick des Todes nicht leiden müssen. Noch ist keiner vom völligen Tod zurückgekehrt, um davon zu berichten, man kann aber annehmen, dass in unserem Körper unmittelbar vor unserem Tod letzte Prozesse ablaufen, die das Sterben erträglich, fast schon schön machen. Dass es sich dabei eher um Halluzinationen handelt als um etwas für Außenstehende Erkennbares, ist in meinen Augen vollkommen egal. Wenn bereits im Leben ein jeder seine eigene Welt erschafft und wahrnimmt, so sollte die Wahrhaftigkeit dieser Erfahrung meines Opas nicht angezweifelt werden. Manche würden es womöglich sogar einen Engel nennen, den er hier erblicken durfte. Ob es nun ein Engel war oder bloße Vorstellung, das Ergebnis bleibt davon unbeeinflusst: Glücksgefühle und Freude. Mir gefällt der Gedanke, dies seien Abläufe in unserem Kopf, damit wir zum letzten Mal etwas von reiner Schönheit und absolutem Glück erleben dürfen – ein letztes Geschenk unseres Körpers an unseren Geist. Natürliches Sterben ist für den Betroffenen häufig also nicht schmerzhaft. Für Nahestehende jedoch trotzdem, weshalb wir nur selten über den Tod sprechen. Es ist ein sehr intimes Thema und jeder Mensch geht auf seine eigene Art und Weise damit um. Trotzdem sollten wir darüber sprechen, es täte uns gut. Uns allen. Es würde die Palliativmedizin erleichtern und dem natürlichen Fluss der Dinge seinen Lauf lassen. Denn alte Menschen, wie mein Opa zu dieser Zeit, haben oft den unbedingten Lebenswillen einfach nicht mehr in sich:

„Man sollte mich wegtun! Wenn Leute so alt sind wie ich, gehören sie weg!"

Diese Aussage von Opa aus der Zeit vor seinem Krankenhausaufenthalt ist natürlich vollkommener Blödsinn. Alte Leute gehören nicht einfach *weg*, nur weil sie *alt* sind. Sie haben sehr oft unglaublich viel zu geben. Der Wert ihrer Geschichten und Lehren kann nicht bemessen werden. Wie Opa so war, sprach er häufig, ohne vorher zu überlegen. Solche Aussagen machten mir aber klar, dass man an einem gewissen Punkt im Leben nicht mehr um jeden Preis weitermachen will – weil einem das Altern schon zugesetzt hat und das Leben nicht mehr so ist, wie es in jungen Jahren war, wo man die Kraft und den Willen hatte, sich gegen den Tod zu sträuben. Dieser Lebenswille sollte alten Menschen daher nicht untergeschoben werden. Sie sollten hin zu ihrer letzten Reise begleitet werden, ohne den Wegverlauf ständig zu ändern. Genauso wenig sollte ihnen ein Sterbewillen untergeschoben werden. In der Zeit, als Opa zu Hause von seiner Krise gequält wurde, fragte ich meine Schwester, ob es denn nicht klüger sei, mit ihm in die Schweiz zu fahren, wo ihm Sterbehilfe gegeben würde. Den Gedanken ließ sie mich schnell wieder verwerfen, was auch gut so war. Solche Lebenskrisen gehören zum Menschsein dazu, unglaublich viel wäre verloren gegangen, hätten wir Opa vor seiner Zeit gehen lassen. Weggeschickt. Zumal es nur kurze Momente waren und er es mit dem Sterbenwollen lange Zeit nicht ernst meinte. Die beste Lösung scheint jene zu sein, die ein Leben weder frühzeitig beendet noch bedingungslos erhält. Jene, die zum richtigen Zeitpunkt die Palliativmedizin heranzieht, die weder Überleben übers Sterben stellt noch Leben schwächt, sondern Leiden lindert und das Patientenwohl sicherstellt. Wiederum: Darüber müssen wir reden.

*

Am 29. Juni 2019 war es dann so weit: Opa durfte unsere Wirklichkeit verlassen. Wie für ihn üblich natürlich nicht, ohne vorher seine Familie noch ein letztes Mal gesehen zu haben. Im Augenblick seines Todes, gegen Mitternacht, war seine Tochter Cristina bei ihm, vorher hatten ihn viele Verwandte besucht. An diese letzte Begegnung mit meinem Opa erinnere ich mich ganz deutlich: Er lag da, kraftlos und müde, mit geschlossenen Augen. Ich trat an sein Bett und verabschiedete mich von ihm. Es war uns allen klar, dass er nicht mehr lange weiterleben würde, und so entschied ich mich für jene Abschiedsworte, die ich unzählige Male zu ihm gesprochen hatte, verbunden mit einer Aufforderung, die er mit schallendem Gelächter befolgt hätte:

„Gute Nacht, Opa. Feier schön!"

Die Tage nach seinem Abschied fühlten sich erschreckend leer an. An jedem Ort, den ich zu Hause betrat, schien etwas zu fehlen. Sein Haus war so leer. Sein Stuhl so verlassen. Sein Stock erklang nicht mehr. Sein Mund sprach nicht mehr. Sein Leben wirkte nicht mehr. Die schmerzvolle Stille sollte jedoch nicht ewig dauern, denn in der Leere erklang etwas. Anfangs nur dumpf, nach und nach lauter. Sein Leben, seine Erzählungen und seine Lehren hallten nach, und dieser Widerhall wird noch lange zu hören sein.

*

Opa hat also vor seinem Tod Ruhe in sein Leben einkehren lassen. Er hat es geschafft, mit seinem Leben abzuschließen. Das zeigte mir unter anderem die Tatsache, dass ihn im Krankenhaus seine Biografie, die ich damals gerade verfasste, nicht mehr interessierte, obwohl er vorher sehr glücklich und stolz darauf gewesen war. Es war ihm gelungen, Frieden mit seiner Vergangenheit zu schließen und sein Leben ziehen zu lassen.

Deshalb konnte ich mich schließlich für ihn freuen, wenn die Zeit nach seinem Tod auch überaus schwer für mich war. Hin- und hergerissen zwischen der Dankbarkeit, ihn gekannt zu haben, und dem selbstsüchtigen Wunsch, ihn noch bei mir zu haben, verwirrte mich diese Zeit sehr. So sehr, dass ich es in den drei Tagen nach seinem Abschied nicht zustande brachte, eine Grabrede für ihn zu schreiben, obwohl unzählige Skizzen und Notizen in meinem Zimmer lagen. Sie in eine passende Struktur zu bringen, war mir unmöglich. Wie sollte ich es auch schaffen, eine Rede zu schreiben, die einem solchen Leben gerecht werden würde? Die nicht allzu traurig war, sondern den größten Wunsch meines Opas für seine Beerdigung berücksichtigte:

„Ich will nicht, dass ihr meinetwegen trauert. Wenn ihr mich beerdigt, sollt ihr feiern!"

Zur Beerdigung war es deswegen, wie so oft, meine Schwester, die die passenden Worte für Opa fand und ihren Dank aussprach. Sie schaffte es einmal mehr, einen traurigen Anlass in so schöne Worte zu kleiden, dass die Dankbarkeit auf Augenhöhe mit der Trauer war:

Lieber Opa,

was passiert, wenn wir wissen, dass uns nicht mehr viel Zeit bleibt? Was geschieht mit uns, wenn der Tod zu uns kommt und uns einlädt, mit ihm zu gehen?

In deinen letzten Wochen warst du sehr ruhig, friedlich. Wie jemand, der sehr müde ist, bereit, einzuschlafen. Aber du warst nicht bereit, sofort einzuschlafen. Wie jemand, der einen sehr langen Tag hinter sich hat und vor dem Eintritt durch das Tor zum Land der Träume noch einen Blick zurückwirft und verweilt. Verweilt, um das Erlebte noch einmal zu betrachten, das Geschehene noch einmal vorbeiziehen zu lassen, sich zu erinnern, es noch einmal zu fühlen. Ein letztes Mal zu fühlen. Denn wie der Einschlafende den vergangenen Tag nie mehr erleben wird, wird auch der Sterbende sein vergangenes Leben nicht mehr zurückbekommen. Träume künden dem Schlafenden von neuem Morgen und dem Gestorbenen von neuem Anfang. Was magst du gesehen haben, als in diesen letzten Tagen dein Leben an dir vorbeizog?

Einen kleinen Jungen, der viel zu früh die Kaltherzigkeit dieser leidenden Welt spüren muss, und wie es ihm gelingt, trotz dieser Kälte nicht unterzugehen, sondern zu wachsen.

Einen jungen Mann, der mit nichts außer seinem Charme das Herz des „schönsten Mädchens von ganz Deutschnofen" erobert, wie er arm an Geld ist, aber reich an Dingen wird, die man für kein Geld kaufen kann: Gesundheit, Zufriedenheit, Familie, Liebe.

Einen stolzen Vater, der durch harte Arbeit seine Familie versorgt, ein Haus baut mit einem Garten, in dem einst seine liebe Frau Rosa die schönsten Blumen wachsen ließ und in dem heute seine Urenkel spielen – ein kleines Paradies.

Schließlich einen zufriedenen Großvater, dessen unendliche Großzügigkeit und Güte jede Begegnung erfüllen, dessen Freude über den Zusammenhalt seiner Großfamilie auf uns alle übergeht und der sich immer wieder mit Tränen in den Augen für alles bedankt, was er erleben darf und sie für ihn tun.

Vielleicht hast du das alles gesehen, in deinen letzten Wochen.

Ich habe dich gesehen. Dich, der du seit meiner Geburt immer da warst. Von dem ich nie ein schlechtes Wort mir gegenüber hörte, denn du warst immer voller Güte und Liebe. Du hast es verstanden, das Leben mit Humor zu nehmen und es zu genießen. „Wos er hobn will, kaft er ihm", sagte Oma dann immer kopfschüttelnd, aber lächelnd dazu. Du warst jemand, der durch Geben reicher wurde. Und du hast so viel gegeben. Du und Oma, ihr wart mehr als Großeltern für mich. Ihr wart mir treue Freunde, weise Lehrer und wertvolle Vorbilder. Dafür werde ich euch mein ganzes Leben lang dankbar sein.

Irgendwann warst du dann bereit, loszulassen und einzuschlafen.

Träume sind die Vorboten der Morgenröte.

Ganz friedlich hast du mit dem letzten Atemzug das Leben zurückgegeben, welches dir heute, vor genau einundneunzig Jahren, mit

deiner Geburt geschenkt wurde. Es war ein langes, intensives und –
wie du oft gesagt hast – ein sehr schönes Leben. Weil du Menschen
hattest, die dich liebten ... und dich immer lieben werden.

Lieber Opa, danke für alles.

Epilog

„Ihr werdet mich doch nicht vergessen, oder?"

Niemals.

Opa mit seinem Urenkel Lukas, 2018

Ich sitze im Hof unseres Hauses. Opas Beerdigung ist nun bereits einige Tage her, sein Fehlen noch genauso schmerzhaft wie zu Beginn. Doch zwischenzeitlich hat sich noch ein zweites Gefühl Platz neben dem Schmerz erkämpft: Freude. Freude, dass er nicht mehr hier sein muss, als *Einziger;* Freude, dass ich ihn so lange und so tiefgehend kennen durfte. Ich brauchte einige Zeit, um an den Ort zu gelangen, an dem ich jetzt sitze. In den ersten Tagen nach seinem Tod wagte ich es nicht, näher an seinen Platz im Hof zu treten oder mich gar auf seinen Stuhl zu setzen. Lange Zeit mied ich den Platz vollkommen, betrachtete ihn nur flüchtig und gab mich mit Opa in meinem Kopf ab, während ich mich irgendwo aufhielt, wo mich nicht jeder Blick mit Hunderten Erinnerungen an ihn überwältigte. Langsam gelang es mir, näher an seinen Platz heranzukommen. Mittlerweile sitze ich in einem Stuhl neben seinem, der, wie mir in diesen ersten Tagen scheint, fortan schmerzlich leer bleiben wird. Die Hand zu ihm gestreckt, bin ich da und schließe immer wieder die Augen, um ihn zu mir sprechen zu hören. Es ist schwer, zwar höre ich ihn, doch nicht so, wie ich es gewohnt bin. Die Umstellung ist kompliziert – unmöglich, wie mir scheint. Lautlos warte ich da. In diesem Moment bellt unser Hund Lady, und Worte sprudeln aus mir heraus, die ich so noch nicht gesprochen habe. Es ist, als spräche Opa durch mich, denn es sind seine Worte, die er oftmals zum Tadel an Lady gerichtet hat: „Kimm her, donn kriagsch oane!" Ich bin erstaunt, als sie daraufhin innehält, sich zu mir wendet und schwanzwedelnd auf mich zukommt. Sie ist nicht der intelligenteste Hund, weshalb man ihre Reaktion mit bloßer Dummheit erklären könnte oder aber mit gefühlvollem Verständnis, weil auch sie Opa vermisst. In meiner Trauer nehme ich letztere Erklärung an und streichle sie, während ich langsam verstehe, warum es Opa in den letzten Jahren hierher gezogen hat und er so gern hier gesessen ist: Man ist stiller Beobachter, während die Welt an einem vorbeizieht und tiefer Frieden einen erfüllt. Minuten vergehen; es ist ein wahrer Genuss, bloß hier zu sein und das Leben einzuatmen. Und langsam meldet sich auch Opa in meinem Kopf, sodass ich nicht mehr alleine sitzen muss. Ich teile ihm meine unendliche Dankbarkeit mit, dass er den Grundstein für mein Leben hier gelegt hat.

Indessen verstreichen die Tage, als wäre Opa noch da oder als hätte es ihn nie gegeben. Ich merke, wie leicht seine Lebensgeschichte dem Vergessen anheimfallen könnte, und fasse deshalb stärker als je zuvor den Entschluss, sein Leben an die Öffentlichkeit zu bringen. Weil sein positives Ende Menschen Mut machen kann. Weil sein Schmerz nicht umsonst gewesen sein soll, sondern für den Einzelnen und die Gesellschaft lehrreich sein kann. In den Wochen und Monaten darauf widme ich mich deshalb vor allem der Verwirklichung dieses Buches. Glücklicherweise habe ich vor seinem Tod genügend Informationen schriftlich gesammelt, sodass keine oder kaum Wissenslücken beim Schreiben Schwierigkeiten machen. Überhaupt hat sich seine Geschichte in meinem Kopf festgesetzt wie keine andere. Es ist eine Geschichte, die mich nach wie vor jedes Mal bewegt. Besonders das Bild des kleinen Arthur geht mir nahe – ich sehe ihn vor mir, wie er sich, hilflos und verwahrlost, durch die Welt kämpft, und ich möchte hingehen, ihm die Hand reichen und ihm so weiterhelfen, wie er mir immer weitergeholfen hat. Das geht aber nicht, und das Einzige, was mich trösten kann, ist die Gewissheit, dass sich dieser arme kleine Junge durchsetzen wird, dass er der Welt seinen Stempel aufdrücken und sie als liebender, zufriedener Mann verlassen wird.

Wenn mich diese Gewissheit auch begleitet, so fürchte ich um andere Dinge. Könnte ich ihn endgültig verlieren? Werde ich immer ahnen können, wie er zu bestimmten Dingen gestanden wäre, oder werde ich mich eines Tages vollkommen von ihm entfremdet haben? Diese Zweifel nagen an mir, bis zwei meiner Cousins mit Neuigkeiten aufwarten: Beide werden Familienvater. In den Tagen darauf

freue ich mich immer wieder über diese Nachrichten und denke
dann ganz plötzlich glücklich-wehmütig: Opa hätte eine so große
Freude. Er liebte jeden in seiner Familie gleich und zeigte ganz besonders seine Liebe zu den Urenkeln. Ein Zuwachs war dabei natürlich jedes Mal etwas Herausragendes, das ihn überglücklich
stimmte. Wie sehr er sich über diese Ankündigungen gefreut hätte!
Und Oma würde schelmisch lächelnd sagen: „Das wurde aber auch
Zeit!" In beider Augen wäre anschließend all die Liebe und Dankbarkeit zu lesen, die Menschen bloß verspüren können, wenn sie
bereits Eltern, Großeltern und Urgroßeltern sind. Also weiß ich
noch, wie Opa und Oma reagieren würden. Trotz ihres Todes sind
sie noch lebendig.
Sie sind in meinem Herzen lebendig, das werden sie immer sein,
trotzdem fehlen beide sehr. In diesen Tagen wiegt verständlicherweise Opas Abschied besonders schwer, weshalb ich Trost in verschiedenen Dingen suche: in seiner Freude über unsere Familie
sowie in seinem letzten Wunsch, wir sollten nach seinem Tod feiern.
Zudem versuche ich mich mit dem Gedanken zu trösten, ihn im
Himmel wiederzusehen. Anfangs spendet mir diese Vorstellung
großen Trost – seit meiner Kindheit ist der Gedanke an ein Leben
nach dem Tod, vereint mit meinen Liebsten, bestimmend, zunehmend gestaltet sich diese Überlegung jedoch schwierig: Würde ich
im Himmel auf Opa treffen? Und wie würde es überhaupt sein?
Würden wir als Eintrittskarte ins Paradies unserer kleinen Fehler
beraubt, um auf ewig friedlich zusammenleben zu können? Selbst
an den schönsten Tagen mit meinen Großeltern gab es Kleinigkei-
ten, die zu Differenzen führten. Diese Differenzen ließen uns zwar
nicht streiten, waren aber verantwortlich für zwischenzeitliche
Spannungen, etwa wegen Omas Blumen, die meine Schwester und
ich mit unserem Ballspiel gefährdeten, deren Wichtigkeit Opa jedoch zu Omas Überraschung hintanstellte. Aber diese Meinungsverschiedenheiten gehörten einfach zu unserem Beisammensein.

Wie würde es im Himmel sein, bedenkend, dass wir Menschen nicht perfekt sind? Würde, wenn den Menschen ihre „schlechten" Eigenschaften genommen würden, überhaupt noch ein Mensch übrig bleiben? Machen uns unsere kleinen Fehler nicht erst zu Menschen, manchmal erst besonders liebenswürdig? So wie Opas Bedenkenlosigkeit, die ihm und uns Freude am Leben schenkte, obwohl manchmal fehl am Platz. Oder wie Omas Sparsamkeit an der Grenze zum Geiz, die uns trotz ihrer Übertriebenheit auch den Wert der Dinge aufzuzeigen vermochte. Wären es im Himmel noch dieselben Menschen, die wir einst kannten und liebten?

Leider beginnt mein Himmel zu bröckeln. Durch Opas Zweifel am Leben nach dem Tod verblasst er zunehmend. Was wäre aber, wenn Opa recht gehabt hätte und es keinen Himmel gibt, sondern nur dieses eine Leben auf der Erde? Wie könnte Opa den christlichen Himmel verstanden haben, wenn man seine Überzeugungen zu Frieden und Harmonie bedenkt?

Mit Gewissheit kann man nur sagen, dass an diesem 29. Juni 2019 ein Herz aufgehört hat zu schlagen, ein Lachen verstummt und eine Stimme verklungen ist. Aber mehr noch: Von da an blieb ein Stuhl leer, von da an ist das Pendel einer Uhr ausgeschwungen und in jenem Moment hat eine geliebte Person aufgehört zu sein. Was bleibt, ist die tiefe Dankbarkeit, ein so großes Stück Leben geteilt zu haben; die grenzenlose Freude, die Opas Geschichten in vielen Zuhörern geweckt haben, die unbezahlbaren Lehren und Momente, die von ihm geteilt worden sind: Früchte eines ganzen Menschenlebens. Was bleibt, ist die beruhigende Gewissheit, ihn nie zu verlieren.

Danksagung

Zuerst sollte ich mich bei meinen Großeltern dafür bedanken, dass sie die Menschen waren, die sie waren; dafür, dass sie die Vorbilder darstellten, die für Bücher gemacht zu sein scheinen. Doch meine Dankbarkeit ihnen gegenüber tritt wohl durch die Existenz dieses Buches deutlich genug hervor. Deshalb will ich zuallererst jenen Menschen meinen Dank aussprechen, die am stärksten dazu beigetragen haben, dass Opas Geschichte in diesem Buch niedergeschrieben wurde: meinen Eltern. Womöglich ist euch nicht völlig bewusst, welch unbezahlbares Geschenk ihr meiner Schwester und mir gemacht habt, als ihr euch dazu entschlossen habt, ein Haus mit Oma und Opa zu teilen und eine enge Gemeinschaft mit ihnen zu bilden. Ich will euch aus tiefstem Herzen dafür danken, auch weil nicht immer alles reibungslos gelaufen ist. Vor allem die letzten Jahre stellten, unter anderem wegen Opas besonderem Wesen, immer wieder eine Herausforderung dar, die ihr – hauptsächlich du, Mutter, durch deinen beherzten Einsatz für deine Eltern, aber auch du, Vater, dessen Geduld manches Mal getestet worden ist – gemeistert und dadurch Oma und Opa ihren Lebensabend im gemeinsamen Heim ermöglicht habt. Es war nicht immer leicht, denn die Pflege eines Menschen erfordert stets viel Energie und Hingabe, auch wenn es von außen nicht so scheinen mag. Deshalb will ich euch danken, wie auch Oma und Opa euch dankbar waren. Natürlich bin ich euch zusätzlich aus tiefstem Herzen für alles dankbar, das ihr mir bisher ermöglicht und gegeben hat.
Meiner Schwester Martina will ich ebenfalls danken, und zwar dafür, dass sie Oma und Opa mit mir auch noch nach ihrem Tod am Leben erhält – sei es im privaten Bereich oder durch ihre wertvollen Kommentare zu diesem Buch. Zudem schätze ich mich sehr glücklich, dich als Schwester zu haben und stets auf deine

Anwesenheit zählen zu können, obwohl ich nach wie vor *so unglaublich nervig* bin.

Mein Dank gilt noch vielen weiteren:

Meinen Tanten und meinem Onkel: Danke, dass ihr nach bestem Wissen und Gewissen dazu beigetragen habt, dass Oma und Opa zu Hause alt werden durften. Vor allem du, Tante Cristina, die du fast alltäglich nach Oma und Opa schautest und so neben Mutter die Hauptsäule darstelltest, damit sie ihr Leben in unserer Mitte verbringen konnten. Danke allen vieren, dass ihr die Kinder wart, die Oma und Opa mit so großem Stolz erfüllten.

Meiner Freundin Nora, die sich wohl öfters als jede andere Person meine (sich teils wiederholenden) Ideen und Ausführungen zum Buch anhören musste – rund drei Jahre lang –, es mir liebevoll nachgesehen und mir viel Verständnis dafür entgegengebracht hat. Ich will dir dafür danken, dass du mich bis hierher begleitet hast, und ich weiß, wir werden noch vielen Blumen am Wegesrand begegnen.

Den Bewohner*innen des Tschaufen und allen, die den Ort zu der magischen Heimat machen, die er für mich mittlerweile darstellt. Allen voran dir, Ute, sei hier gedankt, weil du durch deine wertvollen Hinweise dazu beigetragen hast, das Buch leserfreundlicher zu gestalten.

Dir, Sophie, weil wir nach all den Jahren noch immer befreundet sind und du mittlerweile fester Bestandteil meines Lebens geworden bist.

Hinsichtlich der Verwirklichung des Buches will ich der Edition Raetia und ihren Mitarbeiter*innen sowie der Arbeitsgruppe „Geschichte und Region/Storia e regione" danken. Danke dafür, dass ihr mir und meinem Opa die Möglichkeit gegeben habt, diese Geschichte zu erzählen, obwohl sie fernab der großen Bühne spielt. Euch sei auch dafür gedankt, dass euch das Endprodukt wichtig war, ihr gleichzeitig aber meinen Sichtweisen Raum geboten und meinen Stil, wann immer es möglich war, respektiert habt. Vor allem hinsichtlich der mir von euch gebotenen Möglichkeit, Opas *Wahrheit* anzusprechen, ein herzliches Dankeschön! Selbst in der heutigen Zeit, selbst bei uns in Südtirol, ist dies nicht selbstverständlich.

Meiner Oberschullehrerin Frau Monika Heim dafür, dass sie mich zum Schreiben animierte; meinem Lehrer Bruno Demetz dafür, dass er mir zeigte, dass Schulunterricht auch anders, zwangloser stattfinden kann; meinem Lehrer Claudio Frigati dafür, dass er mir einen Zugang zum Italienischen eröffnete, der mir ansonsten verschlossen geblieben wäre.

Dir, Peter Kofler, für deine bereitwillige Hilfe beim Transkribieren der handschriftlich geschriebenen Dokumente in Opas Besitz.

Zu guter Letzt will ich noch dem Schicksal danken. Danke dafür, dass du mich stürzen ließest und so den Weg für dieses Buch geebnet hast, das ansonsten wohl nur eine vage Vorstellung geblieben wäre. Zudem gilt meine ewige Dankbarkeit allen Menschen, die mir anschließend aufgeholfen haben. Ihr wart so viele und wunderbar – und jedes noch so dezente Zeichen schenkte mir eine Zuversicht, die ich dringend benötigte.

Inhalt

**STIFTUNG
SÜDTIROLER SPARKASSE**

Wir stiften Kultur